사도행전 15장의
예루살렘 공회에 관한 연구

사도행전 15장의

예루살렘 공회에 관한 연구

2015년 6월 10일 초판 1쇄 인쇄
2015년 6월 15일 초판 1쇄 발행

지은이 : 김정호
펴낸이 : 정성준
펴낸곳 : 도서출판 목양

등 록 : 2008년 3월 27일 제 2008호-04호
주 소 : 경기도 용인시 처인구 양지면 양지리 38-2
T E L : 070-7561-5247 F A X : 0505-009-9585
E-mail : mokyang-book@hanmail.net

* 책 값은 뒤표지에 있습니다.
* 파본은 교환해 드립니다.

* 독자의 의견을 기다립니다.

ISBN : 979-11-86018-12-5 (03230)

사도행전 15장의 예루살렘 공회에 관한 연구

김정호 지음

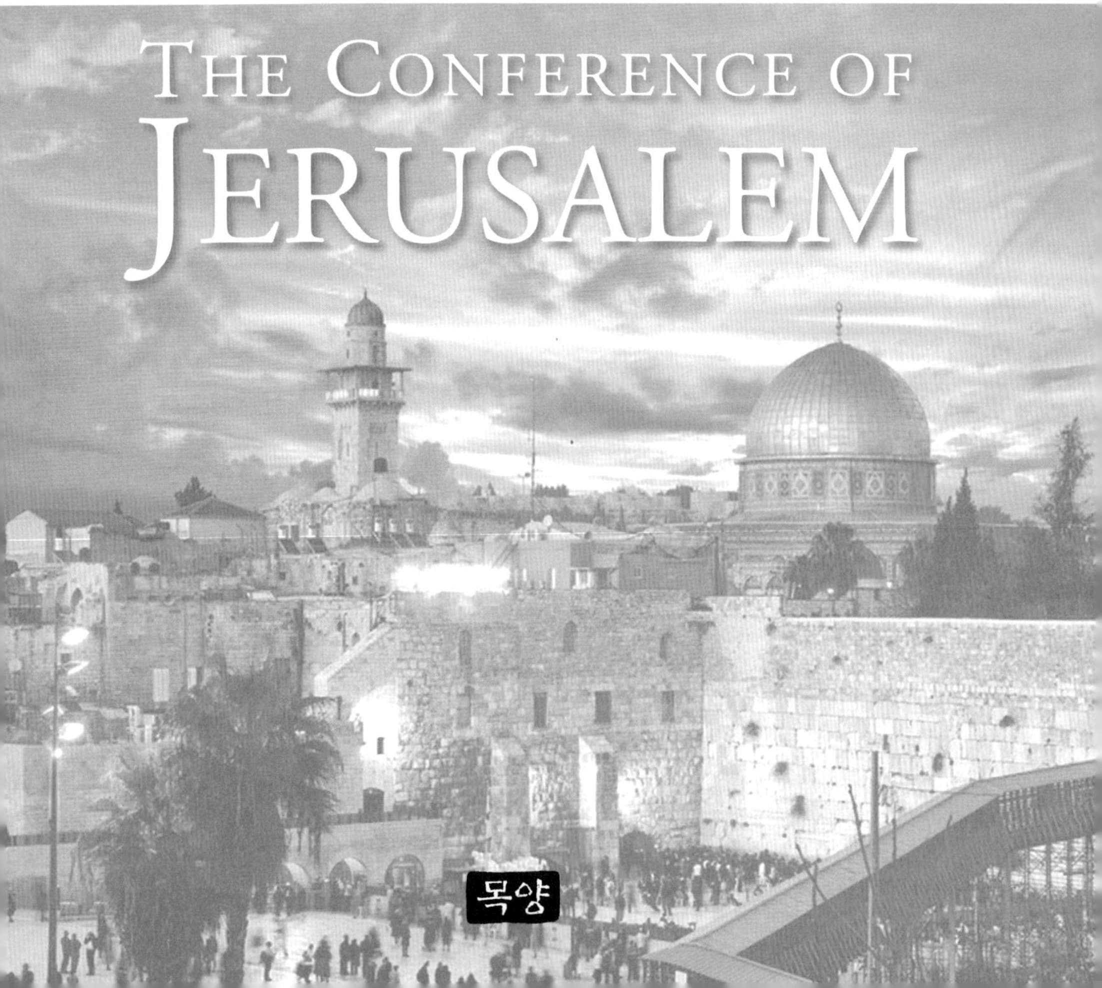

머리말

이 글을 학위과정을 위해 준비한 논문이다. 하지만 논문집으로 서고에 꽂아만 두기에는 논문 주제로 내놓은 예루살렘공회가 주는 의미가 깊다.

그 의미란 것은 현대 기독교 특히 선교가 급진적으로 진행되고 있는 오늘날 한국 교회의 모습 속에서 이방인을 향한 선교를 처음으로 인정한 회의가 바로 이 공회이기 때문이며 율법이나 택함 받은 유대인들 뿐 아니라 그리스도를 믿는 믿음만 있으면 누구든지 구원 받은 하나님의 백성임을 인정하고 받아들인 첫 사건이기 때문이다.

따라서 이 글을 읽기에 앞서 이 연구를 진행하게 된 배경과 이유를 짧게나마 알리고자 한다.

사도행전 15장에 있는 "예루살렘공회가 이방인 선교에 어떠한 영향을 미쳤는지를 알아보고 나아가, 만민에게 미치는 복음의 보편성을 알아보고자 시작되었다.

누가는 당시 누가공동체의 삶을 통해 유대교의 사도였던 베드로와 이방인의 사도였던 바울을 비교하면서 당시의 공동체가 안고 있던 내·외적 문제점들을 해결하려는 신학적인 시도를 하고 있었는데 이와 같은 시도의 중심에 사도행전 15장의 '예루살렘공회'가 있다.

예루살렘공회는 이방인 교회가 율법으로부터 자유한 복음을 역사적이며 합법적인 것으로 인정하였으며, 초기 기독교공동체 간에 직면한 분열의 상황을 복음의 일치를 통하여 극복하고 하나 됨을 확고하게 하였다는데 큰 의의를 갖는다. 예루살렘공회는 초대 교회공동체가 벗어나기 어려웠던 유대특수주의에서 구원의 보편주의로 전환시킨 기독교사의 중대한 사건이며, 이를 통하여 그리스도의 복음이 유대인에게만 국한되지 않고, 전 세계로 확장될 수 있는 신학적인 틀을 마련해 주었다. 또한 구원의 문제가 유대교의 할례와 율법을 지키는 것을 통해서가 아닌, 오직 예수 그리스도를 믿는 믿음으로 말미암아 은혜로 얻는 것이라고 하는 참 진리는 오늘날 우리들의 기독교 신앙의 근간을 이루게 하였다.

또한 예루살렘공회를 통해 이루어진 유대교적 기독교와 이방 기독교의 갈등해소를 통해 한국교회가 안고 있는 교파주의와 개교회 중심적인 분열의 모습을 생각해 보며 그 대안을 찾아야 할 것이다. 그리고 바울을 통해 시작된 이방인선교의 중요성을 바라봄으로 한국교회가 짊어져야할 선교적 사명을 알리고자 한다.

감사의 글

하나님의 은혜와 은총을 감사드리며 학문의 길을 열어주시고 여기까지 인도하신 하나님께 진심으로 감사를 드립니다. 너무나도 지나온 시간들을 생각해 보면 부족한 저에게 하나님께서는 그때마다 은혜롭게 인도하셨습니다.

지난 2006년 부터 동안 성심으로 가르쳐 주시고 바쁘신 가운데서도 세심하게 논문을 지도해 주시고 어려울 때마다 힘을 주신 서용원 교수님께 깊이 감사를 드립니다. 아울러 학문하는 방법을 알게해주신 황병준교수님께 감사를 드립니다.

공부하는 아비 때문에 함께 많은 시간을 보내지 못했지만 용기와 힘을 준 영지와 영서에게 미안한 마음과 고마움을 전합니다.

끝으로 늦게 신학을 시작한 저에게 오늘에 이르기까지 여러 가지로 수고하며 내조해 온 사랑하는 귀한 아내 박미영 사모에게 큰 감사를 드립니다.

2015년 6월

김 정 호

목차

I

서론

서론

A. 연구목적과 중요성

본 논문은 사도행전 15장에 나타난 "예루살렘 공회"에 대한 신학적 의미와 메시지를 밝히고, 이것이 이방인 선교에 어떠한 영향을 미쳤는지를 살펴보고 나아가, 만민에게 미치는 복음의 보편성을 연구하는데 그 목적이 있다.

사도행전의 저자인 누가는 당시 누가 공동체의 삶의 자리를 향해 유대교적 신앙의 틀을 넘어 기독교적 신앙으로 이끌려는 노력을 본 서신을 통해 보여주고 있다. 누가는 유대교의 사도였던 베드로와 이방인의 사도였던 바울을 비교하면서 당시의 공동체가 안고 있던 내·외적 문제점[1]들을 해결하려는 신학적인 시도를 하고 있다.

이와 같은 시도의 중심에 사도행전 15장의 '예루살렘 공회'가 있다. 예루살렘 공회는 이방인 교회에 대하여 율법으로부터 자유한 복음을 역사적이며 합법적인 것으로 인정하였으며, 초기 기독교 공동체 간에 복음의 일치를 통하여 직면한 분열의 상황을 극복하고 하나됨을 확고하게 하였

1) 종교적 : 유대교의 도전과 박해
정치적 : 로마의 압제
문화적 : 헬라 사상으로부터의 위협

다는데 큰 의의를 갖는다. 이 예루살렘 공회는 초대 교회 공동체가 벗어나기 어려웠던 유대 특수주의에서 구원의 보편주의로 전환시킨 기독교사의 중대한 사건이며, 이를 통하여 그리스도의 복음이 유대인에게만 국한되지 않고, 전 세계로 확장될 수 있는 신학적인 틀을 마련해 주었다. 또한 구원의 문제가 유대교의 할례와 율법을 지키는 것을 통해서가 아닌, 오직 예수 그리스도를 믿는 믿음으로 말미암아 은혜로 얻는 것이라고 하는 참 진리는 오늘날 우리들의 기독교 신앙의 근간을 이루게 하였다.

따라서 예루살렘 공회에 대한 연구를 통해 본 논자는 유대교적 기독교와 이방 기독교의 갈등 해소를 통해 한국교회가 앓고 있는 교파주의와 개교회 중심적인 분열의 모습을 생각해 볼 것이다. 그리고 바울을 통해 시작된 이방인 선교 공적 승인을 바라봄으로 한국교회가 짊어져야할 선교적 사명을 고찰할 것이다.

B. 연구방법과 범위

본 논문은 누가의 예루살렘 공회에 대한 주석적 본문 비평과 신학적 의도에 관한 연구이다.

사도행전 15장의 예루살렘 공회에 대한 누가의 보도는 바울 서신 중 갈라디아서 2장에도 언급되어 있다. 이 두 본문이 동일한 사건의 기록인지는 많은 비평을 통해서 지금까지 논란이 되고 있다. 하지만 이 두 가지의 내용이 동일한 사건임을 수용하는 전통적인 견해를 받아들임으로 앞으로의 논거를 전개하려 한다.

사도행전은 두 가지 측면, 즉 바울의 생애와 관련된 정보, 그리고 신학적 내용과 관련하여 문제점들을 지적할 수 있다. 우선 바울 생애에 관한 사도행전의 세 개의 중요한 정보는 바울서신과 비교할 때 매우 이해하기

곤란한 난점으로 지적된다. 그 내용은 바울의 예루살렘 방문에 관한 사도행전과 바울서신의 상위점을 말할 수 있고, 또 하나는 이방인에 대한 선교의 시작 문제, 그리고 예루살렘 공회에 관한 바울의 침묵을 들 수 있다(행 15장과 갈 2장의 비교). 이와 같이 사도행전과 갈라디아서의 이 기록은 매우 유사한 공통점을 가지고 있는 것이 사실이지만, 차이점 또한 많이 가지고 있기 때문에 이 두 본문에 대한 역사적 사실을 규명하기는 매우 어려운 일이다.

따라서 이런 전제를 가질 때 예루살렘 공회에 대한 역사적 사실을 바탕으로 논의 하는 것은 사도행전 저자의 역사적 인식에도 불구하고 난해한 점을 남기게 된다. 이것은 사도행전과 같은 고대의 기록물이 가지고 있는 역사성 이해의 한계를 고려하는 것이기에 오늘날 우리가 말하는 역사성 이해의 범주와 다름을 인정하여 역사 이해의 섣부른 판단을 할 수 없을 것이다.[2)]

그러나 본 논문의 논자는 사도행전의 예루살렘 공회는 역사성과 저자의 문학적 구성, 그리고 주로 신학적 측면에서 바라봐야 함을 밝힐 것이다. 따라서 바울의 보도를 통한 역사성의 증명과 누가의 의도적인 편집의 의도를 살펴봄으로 이 예루살렘 공회에 대한 정확한 신학적인 논증을 할 것이다.

위와 같은 전제를 가지고, 제 Ⅰ장은 서론으로 연구 목적과 중요성, 연구 방법과 범위, 연구사를 다루고. 제 Ⅱ장에서는 사도행전 전체의 구조를 통하여 15장의 중요성을 살펴보고, 그 기록 목적과 예루살렘 공회가 열리게 된 역사적 상황을 살펴봄으로 왜 예루살렘 공회가 발단이 되었는지, 그 과정에 어떠한 일이 있었는지를 밝힐 것이다. 제 Ⅲ장에서는 사

2) 유상현, 「사도행전 연구」(서울: 대한기독교서회, 1996), 36-37.

도행전 15장의 예루살렘 공회를 중심으로 본문을 분석할 것이다. 제 Ⅳ 장에는 예루살렘 공회의 신학적 의미와 메시지 그리고 '사도법령'의 신학적 의도를 통하여 제 Ⅴ장에서 종합적인 결론을 내림으로 오늘날 우리에게 주는 교훈을 발견하고자 한다.

C. 연구사

초기 기독교 역사에 대한 우리의 지식에 끼친 사도행전의 공헌은 대단히 귀중하다. 첫째, 누가는 우리에게 그 시작부터 1 세기의 마지막 몇 십년까지 일어난 일들에 대한 정보를 제공한다. 둘째, 사도행전 자체는 1 세기의 마지막 몇 십년의 유대 그리스도교의 역할에 대한 하나의 증언이며 우리에게 전체 교회의 개념을 제공한다.[3]

종교개혁 이전 15세기 동안에 사도행전에 관한 연구의 흔적은 거의 전무하다. 고작해야 19권의 저서 혹은 단편이 남겨진 전부이다.[4] 종교개혁자 칼빈에 의한 사도행전 연구는 지금의 것처럼 비평적이지는 않지만, 문

---

3) Jacoq Jervell,「사도행전 신학」윤철원 역(서울: 한들출판사, 2000), 188.

4) W. W. Gasque,「使徒行傳 批評史」권성수 · 정광욱 공역(서울: 바실래, 1989), 19. - 이 설교와 주석들은 19명의 저자들의 작품이며 이들 중 많은 수가 단편적으로만 남아 있다.

3세기-(1)오리겐, (2)팔레스틴 가이사리아의 팜필루스

4세기-(3)시리아 사람 에브라임, (4)소경 디디무스, 알렉산드리아의 유명한 교리 문답 학교의 최후의 지도자, (5)유세비우스, (6)유탈리우스 집사

5세기 - (7)요한 크리소스톰, (8)알렉산드리아의 시릴, (9)아모니우스라는 알렉산드리아 장로, (10)예루살렘 장로 헤시키우스, (11)시인 아레이터

6세기 - (12)로마 원로원 의원이자 집정관인 이소다드

7세기 - (13)카파도기아 가이사리아의 안드레

8세기 - (14)덕망 있는 베데

9세기 - (15)메르브의 네스토리우스파 주교 이소다드

10세기 - (16)마술사 레오, (17)테살리 트리카의 주교 외쿠베니우스

11세기 - (18)불가리아 아키드라의 대주교 테오필라투스

12세기 - (19)시리아의 단성론자 디오니시우스 바르 살리비

법적-역사적 해석을 그 특징으로 한다. 칼빈은 사도행전의 저작 연대, 저자, 그리고 역사적 배경의 일반적인 문제를 거론하지 않았다. 칼빈에게 있어서 사도행전의 강조점은 무엇보다 성령의 역사에 있다. 그는 사도행전의 메시지를 그 시대의 교회에 실제적이며 경건하게 적용하는데 일차적인 관심을 두었다.[5)]

그로티우스(Hugo Grotius ; 1583-1645)[6)]의 사도행전 주석은 여러 가지 면에서 현대 비평적 주석의 면모를 띠고 있으며, 언어학적이며 역사적인 주석이다. 그 다음 사도행전 주석은 영국의 라이트푸트(John Lightfoot ; 1602-1675)에 의해서 계속되었다. 그는 칼빈과 마찬가지로 당대의 다른 이들보다 탁월한 인물이었으며, 그의 주석은 현대 비평 주석의 방향으로 진일보한 면을 보여주었다. 그의 글은 분명 고어체의 활자와 문형임에도 불구하고 아주 최근에 쓰여진 주석을 읽는 듯한 인상을 받게 된다. 그는 사도행전과 누가복음의 밀접한 관계를 지적하기도 한다. 경건주의 신학자 벵겔(Johann Albrecht Bengel ; 1687-1752)이다. 그는 사도행전을 "성령의 행전"으로 지칭한 최초의 사람일 것이다. 그가 많은 주석과 소논문을 통해서 강조하는 것은 부활하신 주님이 그의 약속을 통해 제자들에 오신 성령을 통해서 교회 안에서 역사하신다는 것이다.[7)]

사도행전 비평사에 있어서 가장 영향력 있는 인물은 바로 19세기 독일 비평학자인 바우어(Ferdinand Christian Baur ; 1792-1860)는 소위 신약 비평의 튜빙겐학파(Tubingern Schule)를 창시하였다. 이 학파는 19세기 중엽의 수 십년간 널리 퍼졌던 논쟁과 영향력의 진원지였다. 바우어는 고린도 교회의 그리스도파에 관한 소논문에서 후에 "경향비평"(Tendenzkritik)이라

5) W. W. Gasque,「使徒行傳 批評史」23-25.

6) 네덜란드 법학자이며 법을 신학에서 분리시키는 업적을 이루었다. 그의 저서로는 "기독교 진리에 관하여"가 있다.

7) W. W. Gasque,「使徒行傳 批評史」27-36.

알려지게 된 방법을 사용한다. 이것은 초대 기독교 역사의 문맥에 나타난 특별한 신학적 관점을 근거로 신약 문헌을 연구하는 방법이다. 그의 출발점은 고린도 교회 내의 네 분파를 언급하는 고전 1:11이다. 그는 이를 이방인파(바울과 아볼로로 대표됨)와 유대주의의 율법에 충직하게 남아 있는 유대적 그리스도인들(베드로와 야고보로 대표됨)로 대별된다고 본다. 초대교회가 베드로와 바울 두 인물을 중심으로 서로 대치하는 두 파벌로 구성되었으며, 이 둘은 유대 율법에 대한 전혀 다른 입장과 그에 따른 구원 교리의 상이성 때문에 언제나 갈등상태에 있었다. 이를 증명하기 위해 바우어는 클레멘트 설교와 에비온파 전승 속에 나타나 있는 바울에 대한 그들의 적대감을 언급한다. 이러한 초대 교회본질에 관한 대립적 갈등관계의 구도는 바우어 사상에 있어서 사도행전, 그리고 신약 전체에 접근하는 태도의 기초이다. 즉, 바우어에게 있어서 사도행전은 유대적 그리스도인파의 비평에 맞서 바울의 이방인 선교를 변호하기 위해 "바울주의자"가 기록하였다는 것이다. 즉, 그는 어느 곳에서든지 먼저 유대인에게 전하였고, 유대인들이 그의 메시지를 거절할 때에 이방인에게로 돌아섰다. 이것은 롬 9-11장에 나오는 사도의 주장과 매우 유사하다. 바우어는 이 사상을 부수적으로 언급할 뿐 여기서 더 발전시키지는 않았다. 그의 관심은 로마서의 목적과 배경에 대한 자신의 해석을 밝히는 것이었기 때문이다.[8)]

튀빙겐 학파의 연구는 이후의 연구에 있어서 지대한 영향력을 끼쳤다. 그러나 최근 연구는 대체로 19-20세기의 그러한 경향에 대한 반작용으로 볼 수가 있다. 사도행전에 대한 최근의 학문적 접근들은 대개 역사성, 문학적 특성, 신학적 측면의 세 가지 분야에 초점을 맞추어 진행되고 있다.

8) W. W. Gasque, 「使徒行傳 批評史」 46-51.

첫째는 역사성에 대한 문제에 집중하는 연구이다. 우선은 사도행전의 역사성을 의심하는 방향과 신중한 역사서라는 견해가 있어 왔다. 일반적으로 회의적인 입장에서 사도행전을 보는 뤼데만(G. L. demann)과 사도행전의 역사적 오류는 인정하지만 누가를 신중한 역사가로 보는 헹겔(M. Hengel)을 들 수 있다. 둘째는 문학적 특성에 중심을 두고 연구를 진행하는 경향이다. 이런 경향의 대표적인 학자는 탈버트(C. H. Talbert)를 들 수 있다. 그의 연구는 누가가 예수와 교회를, 베드로와 바울을 대비해 가며 사건을 서술해가고 있다는 점을 강조하고 있다. 이러한 대비는 구속사의 일관적 전개라는 문제를 강조한다. 이러한 연구는 사도행전의 전체적 문학성과 극적이고 역동적인 이야기 전개에 관심을 고조시켜 주었다. 셋째로는 신학적 측면을 집중적으로 연구하는 것이다. 여기서는 편집비평이라는 신약성서 연구방법론이 중요한 역할을 했다. 선구적인 저서로는 콘첼만의 저작을 들 수가 있다. 그는 누가가 당시의 가장 급박한 사안인 재림 지연문제를 해결하기 위해 구원사를 3단계로 나누어 이스라엘 시대, 예수의 시대, 교회의 시대로 구분함으로써 임박한 종말을 뒤로 미루어 놓았다는 것이다. 이러한 종말론적인 기대의 변화는 기독교 신학에 대한 전면적인 재해석을 요구했고, 누가가 바로 그에 부합할 수 있는 대안을 제시했다는 것이다.[9]

예루살렘 공회에 대한 연구 역시 사도행전에 대한 연구의 범주 안에 속한다. 방법론에 있어서는 크게 두 가지 경향이 나타난다. 하나는 자료를 분석하여 가장 신빙성 있는 자료를 찾고 또 가장 있음직한 역사적 사실을 재건하려는 것이고 다른 하나는 사건들의 역사성보다는 문학적 구성

9) 서용원, "사도행전의 베드로와 바울,"「신학논단」25. (연세대학교, 1997): 217-218.

과 신학적 목적에서 예루살렘 공회를 이해해야 한다는 것이다.[10)]

먼저 역사적 사실을 재건하려는 방법론은 갈라디아서 2:1-10의 내용과 결부되어 그 상관관계에 따라 많은 연구가 있었다. 이 사도행전 15장과 갈라디아서 2:1-10의 역사적 사실에 관해서 고전적으로 설명한 사람은 라이트푸트(J. B. Lightfoot)이다.[11)] 그는 다음과 같은 이유를 들어 동일성을 설명한다. 첫째로 지리적 상황이 같다. 이 회의는 두 도시 - 예루살렘과 안디옥 - 사이에 이루어졌고 거짓 형제들이 물의를 일으켰는데 그 진원지가 예루살렘이고 영향지가 안디옥이며 사도들이 양쪽을 왕래했다. 둘째로 시기가 같다. 바울은 이 일이 회심 후 15-16년 후라고 하며 누가는 라이트푸트의 계산으로는 51년경이라고 보는데 그것과 일치한다는 것이다. 셋째로 회의의 관련된 인물이 같다. 바울과 바나바는 선교 교회에서, 베드로와 야고보는 예루살렘에서 대표로 나선다. 또 선동자들에 관해서 비슷하게 기록되어 있다. 넷째로 토론의 주제가 같다. 곧 개종한 이방인들의 할례 실시의 문제이다. 마지막으로 그 회의 성격과 결과가 같다. 이방인에게서 율법 준수의 의무를 벗겨준 것과 바울과 바나바의 이방인 선교의 사명을 유대교적 교회 지도자들이 인정한 일이다.[12)]

이러한 라이트푸트의 견해를 2세기 이레니우스에서부터 현대에 이르기 까지 많은 학자들이 그 전통적인 견해와 주장을 같이해 왔다. E. P. Sanders, Peter J. Tomson, N. Taylor 등 이며, 한국의 학자로는 전경연 박사와 최갑종[13)] 박사 등이 그 의견을 같이한다.

위와 같은 전통적인 견해에는 몇 가지 문제점이 존재한다. (1) 갈라디

---

10) 권오현, 「바울의 생애 (상)」(서울: 대한기독교서회, 1997), 421.

11) J. B. Lightfoot, *St. Paul's Epistle to the Galatians* (London, Macmillan, 1890), 123; 전경연, 「원시기독교와 바울」(서울: 대한기독교출판사, 1982), 138 재인용.

12) 전경연, 「원시기독교와 바울」 138-139.

13) 최갑종, 「바울연구 Ⅰ」(서울: 기독교문서선교회, 1995), 40.

아서 2:2은 분명히 예루살렘에서 있었던 회의가 사적인 회의임을 말하는데, 반면 사도행전 15:22은 공식적인 회의였음을 말한다. (2) 보다 중요한 차이점은 갈라디아서 2장은 사도행전 15장에서 이방인들에게 부과된 몇 가지 현실적인 결정사항들(15:20)을 전혀 언급하고 있지 않다는 사실이다. (3) 이 동일한 사건에서 유대인과 이방인인 신자들 간의 현실적인 교제를 가능케 했다면, 갈라디아서 2:11-14에 나오는 안디옥 사건에서 그런 조건들이 마치 합의가 없었던 것처럼 신학적 균열을 가져올 수 있었겠느냐 하는 것이다. 안디옥 사건(갈 2:11-14)이 사도행전 15장의 예루살렘 공회 이후에 일어난 사건이라고 보는 것이 무리가 있다. (4) 갈라디아서 2:1에서는 '다시'라는 말을 사용함으로써 바울의 두 번째 예루살렘 방문임을 시사하는 반면, 사도행전 15장은 사실상 그의 세 번째 방문에 대한 묘사이다. (5) 이 회의의 결의 사항들이 수리아와 길리기아에만 전해졌고, 바울의 갈라디아 서신에서는 언급조차 되지 않는다는 점이다.[14)]

역사적 관점에서의 또 하나의 시도는 갈라디아서 2:1-10에 언급된 바울의 예루살렘 방문이 사도행전 11:27-30에 언급된 그것과 일치한다는 주장이다. 이는 존 칼빈[15)]이 처음 언급했다. 그는 바울이 말하는 갈라디아서 2 1:-10의 예루살렘 회의는 바울이 주장하는 대로 "사사로이" 이루어졌는데 이 회의가 사도행전 15장에 나타나는 것이 아니라 사도행전 11: 27-30과 12: 25에 나타나는 안디옥 교회의 구호금을 가지고 예루살렘에 올라갔었을 때의 회의라고 주장하였다.

이한수 박사는 갈라디아서 2:1-10의 예루살렘 회의가 사도행전 11:27-30의 부조 여행과 동일하다고 보는 것이다(W. M. Ramsay, K. Lake, J. J Gunther, F. F. Bruce, I. H. Marshall). 이 견해는 바울이 예루살렘을 방문

---

14) 이한수, 「바울신학연구」(서울: 총신대학출판부, 1996), 53-54.

15) 존 칼빈, 「갈라디아서」(서울: 성서교재간행사, 1979), 521.

한 횟수를 계산하는 문제를 잘 해결해 준다. 또한, 갈라디아서 2장과 사도행전 15장 사이의 차이점들을 설명해 준다. 더욱이 이 견해는 안디옥 사건(갈 2:11-14)이 어떻게 일어나게 되었는지를 설명해 줄 수 있다. 예루살렘 회의를 통해서 할례 문제는 해결되었지만, 이방 신자들이 유대인들과 같은 형제들로서 교제하기 위해서는 그들의 음식법이나 그들의 생활 관습들을 받아들여야 하는가 하는 새로운 문제가 터져 나온 것이다. 만일 갈라디아서 2장의 회의가 사도행전 15장의 그것과 동일한 사건이라면, 이미 하나님의 백성으로서 이방인의 신분문제가 왜 거론되는지 전혀 이해할 수가 없다. 이에 대해 던(J. D. G. Dunn)은 갈라디아서 2장의 회의가 사도행전 15장의 회의보다 선행하는 사건이라면, 이미 할례 문제가 전에 다 해결이 되었는데 후에 예루살렘 회의에서다시 할례 문제가 뜨거운 논쟁으로 대두된다는 사실이 이해할 수 없는 수수께끼로 남는다는 견해를 가진다. 갈라디아서 2장에서 바울과 예루살렘 교회의 기둥 사도들 사이에 맺어진 합의가 초대교회의 개별 구성원들 전체에 기계적 구속력을 지닌 것은 아니었을 것이다. 할례 문제가 갈라디아서 2장의 회의에서 합의에 도달한 것은 사실이지만, 그것이 유대 지역에 있던 많은 유대주의적 기독교인들이 이러한 합의와 관계없이 이방 기독교회들 내에 들어와 문제를 야기시켰을 것이다. 이 점에서 예루살렘 회의는 전에 바울과 바나바 그리고 예루살렘 기둥 사도들 사이에 맺어진 합의사항을 보다 공식화하기 위해 개최되었을 가능성이 많다.[16)]

그러나 이 문제는 쉽게 해결될 수 없는 문제이다. 갈 2장에 있는 바울의 예루살렘 방문을 사도행전 11장의 부조 방문과 일치시키는 것도 역시 문제가 있다. 첫째, 사도행전 11장은 갈라디아서 2장에 있는 그와 같은

16) 이한수, 「바울신학연구」54-58.

모임에 관하여 전혀 언급하고 있지 않는다. 둘째, 바울의 부조 방문 때에는 안디옥교회에서 할례 문제가 전혀 제기되지도 않았을 때이며, 바울의 본격적인 선교여행 전이었기 때문에 갈라디아서 2장에 나타나 있는 문제가 아직 제기될 상황이 아니었다. 셋째, 사도행전 11장의 방문 때는 요한의 형제 야고보가 헤롯 아그립바 1세에게 순교를 당하기 전이었다. 그런데 갈라디아서 2:9에 있는 예루살렘교회의 기둥들의 언급에서 예수의 형제 야고보만 언급되어 있을 뿐 요한의 형제 야고보는 빠져 있다. 그렇기 때문에 갈라디아서 2장은 야고보의 순교 전보다 오히려 그 후로 보는 것이 온당하다고 할 것이다. 넷째, 갈라디아서 2:1-10은 예루살렘 회의의 문제가 된 할례문제를 취급하고 있지만 갈라디아서 2:11-21은 할례문제가 아니고 유대인과 이방인이 함께 식사 교제를 할 수 있느냐 하는 식사 교제문제였다.[17] 위와 같은 문제점들을 또한 함께 포함하고 있기 때문에 갈라디아서 2:1-10의 예루살렘 회의가 사도행전 11:27-30의 부조 여행과 동일하다고 보는 것 또한 난제를 가지고 있다.

역사적 관점에서의 또 다른 시도는 사도행전 11장의 부조 여행과 사도행전 15장의 예루살렘 공회가 모두 갈라디아서 2장의 기사를 지시하지만 각기 다른 자료에서 온 것이라고 보는 것이다. 이 이론은 누가가 복음서에서 흔히 '자료'를 사용했다는 것이 인정되기 때문에 지지를 받기 쉽다. 또, 이 이론은 라이트푸트의 설을 일단 용납하기 때문에 마찰이 적으며 다만 사도행전과 서신서의 각각의 기술이 같은 사실을 서로 다른 관점에서 말한다고 보면 모순이 없다.[18]

다른 방법론으로 역사가 누가의 서술을 자료나 역사적 근거에 의하여 말한다고 보지 않고 그때의 상황을 설명하기 위한 창작이라고 보는 경

17) 최갑종, 「바울연구 I」39-40.
18) 전경연, 「원시기독교와 바울」139-140.

향이 생겼다. 예루살렘 공회에 관한 연구는 사도행전 15장을 여러 자료들의 덩어리로 보는 자료비평에서부터 출발하였다. 그 자료들의 역사성을 밝히고자 하였으나 연구가 진행되면 될수록 점점 자료 문제는 뒷전으로 밀리고 저자가 단순히 자료의 전달자가 아니라 저자 자신의 신학적 의도에 의해서 기록되어졌음을 해석하려는 경향이 생겼다. 특히 디벨리우스(M. Dibelius)는 사도행전에서는 그 사건들의 역사성 보다는 저자의 구상과 목적이 그 기술을 지배한다고 보고 있다. 사도행전 안의 많은 '연설'들은 그 인물들이 그 경우에 말했다는 것 보다는 그 상황을 설명하기 위하여 저자가 자기 시대의 생각으로 삽입한 것이라고 본다.[19)]

디벨리우스뿐만 아니라 다른 학자들도 사도행전의 보도는 편향적이고 비역사적이라고 주장한다. 찬(T. Zahn)도 누가가 임의로 구상했다고 보고, 바이체커(Weizsäcker)도 누가가 예루살렘 자료와 안디옥 자료를 합하여 썼지만 그의 신학적 편향으로 구성하였으므로 역사적 자료는 갈 2장 뿐이라고 말한다. 헨첸은 디벨리우스를 따라서 예루살렘 공회에 대한 누가의 서술은 전혀 역사적이지 않고, 야고보의 성서 인용은 결코 야고보에게서 온 것이 아니라고 본다.[20)] 그리고 행 15:4-18의 전체 장면은 할례로부터 자유로운 이방선교를 궁극적으로 받아들여야 된다는 누가의 신학적 입장을 천명한다. 그러므로 "누가가 보도한 예루살렘 공회는 전혀 역사적 가치가 없다."고 단언한다.[21)]

권오현 박사는 사도행전 15장과 갈라디아서 2장이 바나바와 바울과 같은 여행으로 같은 의제를 가지고 예루살렘 회의를 연 것은 분명하다고 보고 사도행전 11:29-30의 부조 여행은 누가가 창작하였든지 잘못 삽입

---

19) M. Dibelius, *Anfsätze zur Apostelgeschichte*, 120ff. Eng. Tr. 138ff., 전경연,「원시기독교와 바울」 140 재인용.

20) 왜냐하면 그 인용문은 헬레니즘계 이방 교회의 칠십인역(LXX) 이해를 전제하고 있기 때문이다.

21) E. Haenchen, 「사도행전 (Ⅱ)」 이선희 · 박경미 공역(서울: 기독교문서선교회, 1990), 121-122.

하였을 것이라고 한다.[22)]

그러므로, 사도행전 15장과 갈라디아서 2장 1-10절에 나오는 예루살렘 공회에 관한 기록을 분명하게 파악하는 것은 쉽지 않은 일이다. 사도행전 15장의 예루살렘 공회 사건이 갈라디아서 2장의 그것과 동일한 시기의 역사적 사실을 가지고 있는 지는 명확하게 파악하기가 어려우나, 역시 사도행전 저자인 누가, 즉 제 3자의 눈으로 보아 역사적 사실성과 함께 또 다른 신학적 논제를 가지고 있었음은 분명한 사실이다. 따라서 본 논문의 논자는 사도행전 15장의 예루살렘 공회가 가지고 있는 누가의 신학적인 의미를 자세히 밝히고자 한다.

---

22) 권오현, 「바울의 생애(상)」422.

II

사도행전 15장의 위치와 중요성

사도행전 15장의 위치와 중요성

A. 사도행전의 배경적 이해와 기록목적

1. 사도행전의 배경적 이해

1) 저자

사도행전 본문 자체에는 저자에 대한 언급이 나와 있지 않다.[23] 그러나 사도행전의 저자 문제는 누가복음과의 연관성 속에서 논의 되어야 하므로 일단 문학비평적인 관점에서 누가복음과 사도행전의 관계를 정리해야 할 것이다.

누가복음과 사도행전은 각각 언어적인 성격상 본문과 구분되는 서문을 가지고 있다는 특징을 공유하고 있다. 이와 같은 서문은 희랍 - 로마의 저자들에게는 매우 보편적인 것이었다. 그러나 신약성서의 책들 중에서는 누가복음과 사도행전을 제외하고는 이런 종류의 서문이 발견되지 않는다. 이러한 사실만으로도 사도행전과 누가복음은 문학적인 형식에

23) 그러나 전통적인 의견으로는 2세기부터 시작하여 초기 교회의 증언자들은 이 작품이 어떤 '누가', 즉 의사이며 바울의 동역자이던 한 인물의 저작이었음을 밝힌다.

있어서 서로 긴밀한 관계를 가지고 있음을 알 수 있다.

이 뿐만 아니라 사도행전은 누가복음의 서문과 그 내용이 비슷하다. 수신자가 동일한 인물인 데오빌로(Θεοφιλος)[24]이다. 또한 사도행전 1:1의 τόν πρωτον λόγον이라는 말은 저자가 사도행전보다 앞서서 책을 한권 집필했음을 전제로 하고 있는데, 사도행전 1:1-2이 밝히는 그의 첫 번째 책의 내용, 즉 "예수께서 처음부터 승천하시는 날까지 행하시고 가르치신 모든 것들"은 바로 누가복음의 내용임을 확인할 수 있다. 그리고 사도행전의 첫 이야기가 누가복음의 마지막 이야기와 맞물려 있음은 이 두 책이 동일 저자에 의해서 쓰여졌음을 뒷받침해 준다. 그 밖에도 누가복음과 사도행전은 문제와 단어 등의 언어적인 면에 있어서 매우 비슷하다. 그리고 이 두 책이 동일한 신학적인 입장을 반영하고 있다는 점으로 미루어 보아 누가복음과 사도행전은 동일한 저자에 의해 쓰여졌음이 거의 확실하다고 말할 수 있다.

사도행전 이야기는 누가복음을 포함하여 다른 복음서들과 마찬가지로 기본적으로 3인칭 관점으로 기술된다. 그런데 사도행전은 본문 전개의 중간에 세 차례에 걸쳐(16:10-17, 20:5-21:18, 27:1-28:16) 관점이 3인칭에서 1인칭 복수로 바뀌는 부분들이 나타난다. 이 부분을 사도행전의 1인칭 복수 부분(we-sections)이라고 부른다. 이 부분에 관해서는 몇 가지 해석이 가능하다. 우선 이 부분은 저자가 여행일지 같은 특수한 자료를 원형대로 보존하기 위해 관점의 수정 없이 그대로 사용한 것이라고 볼 수 있다. 그런가 하면, 이 1인칭 복수 부분은 저자 자신이 실제로 바울의 여정

---

24) 누가복음(1:3)과 사도행전(1:1)의 수신자이다. 이름의뜻은 '하나님의 친구'라는 의미가 담겨있다. 어떤 이들은 누가복음의 머리말이 그 당시 헬라 서신의 문학적 표현법으로 보아 데오빌로가 실제의 인물이 아니라 그리스도인 독자를 대표해 상징적으로 쓴 것이라고 말한다. 그러나 일반적이 견해는 데오빌로라는 이름을 그 당시 아주 흔한 이름이며, 누가가 각하라는 칭호를 붙인 것으로 보아 유대인이 아닌 이방인 중에서 개종한 사람이었을 것으로 본다. 하용조, 「비전성경사전」(서울: 두란노, 2001), 231.

에 동참했던 부분이기 때문에 1인칭 복수로 기술되었다고 보는 견해[25)]가 가능하다.

이와 같이 누가복음과 사도행전의 본문 자체가 드러내 주고 있으며, 본문의 내용을 통해서 재구성할 수 있는 저자에 관해서는 비교적 큰 줄기의 추론을 시도해 볼 수 있다. 즉, 저자는 우선 희랍 - 로마의 역사문학에 어느 정도 소양이 있는 사람이었던 것 같음, 아마도 이방인 기독교공동체의 일원으로서 처음부터 이방인 선교를 당연한 것으로 간주한 것 같고, 보편주의적인 입장에 서 있으면서 바울을 대표적인 교회의 지도자로 생각하고 있고, 매우 긍정적이고 낙관적인 관점에서 모든 교회역사를 바라보고 있는 역사가이며 신학자인 것으로 유추할 수 있다.[26)]

2) 시기

사도행전이 전하는 마지막 이야기는 바울의 로마수감이다. 이 때가 대략 A.D. 60-62년경이라고 본다면 바로 이 연대가 사도행전의 상한연

---

25) 이 견해는 역사적인 신빙성이 매우 높은 부분이라고 볼 수 있다. 만일 이 견해가 맞다면, 저자는 바울의 제2차 선교여행 중 드로아에서 바울의 선교팀과 합류해서(16:10) 그들과 같이 빌립보까지 가서 바울이 빌립보를 떠나기까지 함께 있다가 바울이 빌립보를 떠날 때는 바울을 따라가기까지 함께 있다가 바울이 빌립보를 떠날 때는 바울을 따라가지 않고 빌립보에 남아 있게 된다. 그 이후 바울은 데살로니가와 아테네를 거쳐 고린도에 이르며 고린도에서 일 년 반 정도 머문 다음 2차 선교여행을 마무리 짓는다. 그 후 바울은 3차 선교여행 중 에베소에서 약 2년 반 정도 머무르고 마케도니아를 거쳐 그리스에서 3개월 체류한 후 예루살렘을 향해 떠나게 된다. 이 예루살렘을 향한 여정에서 바울은 다시 마케도니아의 빌립보를 들르게 되는데, 그 때까지 빌립보에 머물러 있던 저자는 이 때 바울을 만나서 그의 예루살렘 행에 합류하여(20:5-6) 그들이 예루살렘에 도착하기까지 바울과 동행하게 된다(20:28). 그 후 바울이 예루살렘에 머무는 동안, 그리고 그가 가이사랴에서 2년간 수감 되어 있는 동안 저자가 바울 곁에 있었는지는 확인할 수 없지만, 어떻든 바울이 가이사랴에서 출발하여 로마로 이송될 때 저자는 다시 바울을 합류해서(27:1) 바울이 로마에 도착하기까지 그와 동행했다(28:16). 그 이후 2년간 바울이 로마에 있는 동안 저자가 바울 곁에 있었다는 말은 없지만, 28장의 전체적인 내용으로 미루어 보아 그렇게 한 것으로 추측할 수 있다. 만일 이러한 추론이 맞다면 그것은 빌레몬서 24절에서 바울의 수감시절 바울 곁에 있는 사람으로 나오는 누가가 바로 사도행전의 저자라는 교회전승과 조화를 이루고 있다고 말할 수 있다. 박응천, 「세계를 향한 복음-설교를 위한 사도행전 연구」 13-14.

26) Ibid., 8-14.

대(*terminus a quo*)가 된다.[27] 누가복음 1:1-4과 사도행전 1:1-2을 참고하면 기록자와 독자는 기독교 제3세대 혹은 빨라야 제2세대라고 할 수 있다. 정확한 년도는 알려져 있지 않다.[28]

누가복음은 마가복음이 이미 쓰여졌고 또 그것이 어느 정도 보급되어 보편화 된 것을 전제로 하고 있으므로 적어도 A.D. 80년 이후가 될 것이다. 또한 누가복음 - 사도행전은 이방인 선교가 이미 정착된 단계, 그리고 종말의 지연이 기독교공동체에 심각한 문제를 야기시키고 있었다는 점을 볼 때, 대략 1세기 말기에 쓰여진 것으로 추측할 수 있다.[29] 그러나 기록 연대에 관한 한 아직은 추측 이상의 단계를 벗어나지 못한다.

2. 사도행전의 의도

사도행전의 목적을 말하기 전에 먼저 사도행전의 저자인 누가의 기록 의도에 대해서 생각해보자.

첫 번째로 누가를 교회 역사가의 한 사람으로 보아서, 그가 자신을 위해서나 혹은 데오빌로를 위해서 과거사를 기록하는 자로서의 문학적 예술적 기능을 발휘하고 있다고 본다. 많은 고전 학자들[30]이 이 견해를 취하며, 또한 이것이 아주 보편적인 이해이기도 하다. 그러나 큄멜(W. G. Kümmel)은 역사 기술의 여러 가지 주요 특징들이 사도행전에 나타나지 않는 점을 들어서 이를 반대한다. 즉, 자료의 전포괄적인 사용, 역사적 세부 사항에 대한 정밀성, 완전한 연대기술, 그리고 전기적 관심 등이 결

---

27) F. F. Bruce, *The Acts of the Apostles : The Greek Text with Introduction & Commentary* (Grand Rapids : William B. Eerdmans, 1990), 9; 박웅천, 「세계를 향한 복음-설교를 위한 사도행전 연구」 15 재인용.

28) 정훈택, 「복음을 따라서-사도행전연구」(서울: 한국로고스연구원, 1996), 17.

29) 박웅천, 「세계를 향한 복음-설교를 위한 사도행전 연구」 15.

30) 고전학자들 - E. Meyer, E. M. Blarklock, F. F. Bruce

여되어 있다는 것이다. 그러나 이러한 기준들은 1세기의 역사가보다는 오히려 현대의 역사가에게 더 해당되는 것들이다. 그는 누가는 전혀 치우치지 않고 중립적인 견지에서 "실제로 일어난 것"을 객관적으로 기술하는 역사가로 간주할 수가 없다고 주장한다. 그의 선입관은 사도행전은 오히려 "선포적인"역사로 보아야 한다는 것이다.

두 번째로 이와는 정반대로 누가를 신학자로 보는 사람들이 있다. 그들은 누가가 역사적 기록을 도구 삼아 설교를 하고 있으며, 그 자신의 시대의 교회에 덕을 끼치는 창조적인 역할을 발휘하고 있는 것이 분명하다고 본다. 그래서 헨첸(E. Haencken)은 누가의 두 권의 저작을 가리켜 "덕을 끼치기 위한 책"(a book of edification)이라고 묘사한다. 이 견해에서는 교회가 속사도 시대에 속하는 것으로 본다. 하나의 제도로서의 교회가 "초기 공교회주의"의 시기의 공동체 생활의 여러 특질들을 드러내는 것으로 보는 것이다. 누가는 과거 시대의 교회에서 교훈들을 이끌어 냄으로써 자신이 속한 당시의 상황에 대처하고 있는 것이다.

세 번째로 사도행전을 이런 시각으로 바라보아도 해결되지 않는 문제점들이 있으므로, 중간적인 경로를 취하여 몇 가지 확인되고 검증된 사실들을 정당하게 다루어 주는 방향으로 가야 할 것이다. 먼저는 어떤 성경기자도 냉정한 학문적 행위로서 역사 그 자체를 기록한 예는 없다는 것이다. 그들은 각기 나름대로 신학적인 목적을 염두에 두었다. 다른 하나는 누가가 제2세대의 기독교인이긴 했지만 그는 초기 교회의 생활과 정서와 신학을 몸소 접했으며 또한 그것들을 성실하게 그려냈다는 것이다. 사도행전은 1세기의 50년대와 60년대에 기독교를 안 자로서 70년대나 80년대에 책을 쓴 사람의 시각을 반영하고 있다.[31]

31) Ralph P. Martin ,「신약의 초석 II」원광연 역(경기도: 크리스챤다이제스트, 1993), 88-92.

3. 사도행전의 목적

사도행전을 기록하는데 있어서 누가의 목적에 대해서는 다양한 의견들이 제시되어 왔는데, 그 많은 것들 중에 한 가지만의 목적이나 신학적인 개념으로 정의한다는 것은 불가능한 일이다. 누가는 한 가지 이상의 목적을 염두해 두고 글을 썼다고 보는 것이 가능하다. 사도행전에 관해 몇 가지 중요한 목적들을 살펴보자.[32)]

첫 번째는 화합을 위한 목적이다. 19세기에 바우어(F. C. Baur)는 사도행전에 관한 이론 하나를 제시하는데 이 이론이 유명한 '튀빙겐 학파'의 특징 중 하나가 된다. 바우어는 사도행전이 초대 기독교에 있었던 큰 갈등을 해결하기 위해 쓰여졌다고 생각했는데 이 갈등은 바울과 베드로가 믿음에 관해 다르게 표현하는 것에서부터 시작되었다. 바울은 이방인의 사도로, 베드로는 유대 그리스도인의 지도자로 인정받고 있음이 분명하며, 이 시기 즈음에 베드로 당과 바울 당은 교회 내에서 서로 싸우는 파벌을 형성하여 이 새 종교가 쪼개져서 별개의 두 가지 신앙이 될 것 같은 위협을 맞이하게 되었다고 말한다. 사도행전은 바로 이 분파들을 화해시키고 교회의 일치를 회복시키기 위해 쓰여졌다고 본다.

두 번째는 논쟁을 위한 목적이다. 사도행전은 영지주의를 공격하기 위한 책으로 생각되어 왔다. 영지주의[33)]는 기독교 초기에 기독교에 스며들어 기독교의 정통성을 잠식할 것 같았던 종교 사상이었다.

찰스 탈버트(Charles Talbert)는 「누가와 영지주의자」(*Luke and Gnostics*)라는 그의 책에서 사도행전은 두 가지 방법으로 영지주의를 막는 역할을 한다고 말한다. 하나는 탈버트는 사도행전을 두 권으로 된 예수의 전기

32) Mark A. Powell, 「사도행전신학」이운연 역(서울: 기독교문서선교회, 2000), 26-36.

33) 영지주의자들은 예수는 참 사람이 아닌 순전히 영적인 존재였다고 주장한다. 사람의 육체와 물질 세계 그 자체는 본래 악하다고 믿는다.

의 2부로 생각한다. 이 2부의 목적은 예수께서 물려주신 전통의 법적인 상속인들을 어디에서 찾을 수 있는가를 말해주는 것이다. 이처럼 사도행전은 누가가 생각하기에 예수 자신과 누가 당대의 예수의 참된 추종자를 연결해 주는 것으로 사람들에 대한 이야기를 하고 있다. 자신들이 참된 그리스도인이라고 주장하는 영지주의 집단의 지도자들은 언급하지 않고 있다. 다른 하나는 탈버트는 누가복음과 사도행전에서 반영지주의적인 성향을 띤 수많은 구절들을 찾아냈다. 예를 들면, 사도행전에서는 '그리스도', '그리스도 예수'라는 말을 피하고 단순한 '예수'를 선호하는 경향이 있다. 이는 분명히 예수의 인성을 강조하기 때문인데, 반면 예수의 영적인 본질을 강조하기를 원하는 영지주의자들은 분명히 기독론적인 호칭들을 썼을 것이다.

세 번째는 변증적인 목적이다. 사도행전은 기록 목적을 세속적인 힘(로마 제국)으로부터 교회를 보호하려는 시도라고 설명한다. 이스턴(B. S. Easton)과 핸첸(E. Haechen)은 누가는 기독교에 합법적인 종교로서의 공식적인 지위가 주어져야 한다고 로마 정부를 설득하기 위해 사도행전이 쓰여졌다고 주장한다. 이 이론에 따르면 유대교는 로마로부터 법적인 공인을 받은 종교였고, 반면 기독교는 그렇지 못했다는 것이다. 그러므로 누가는 기독교가 유대교의 가지임을 증명하려 노력했을 것이고 그리스도인들은 박해를 받아서도 안 되며 유대인들처럼 법적인 인가를 받아야 한다는 것을 입증하려 했을 것이다.

그러나 어떤 학자들은 누가의 변증이 로마 제국에 관한 것이 아니라 오히려 기독교와 유대교간의 긴장에 대한 것이라고 본다. 로버트 브롤리(Robert Brawley)는 그의 책 「누가-행전과 유대인들」에서 누가가 유대인들의 반대에 변증법적으로 답하고 화해를 제시한다고 주장한다. 특히 누가는 바울을 변호하고 바울이 맡은 이방인 선교를 정당하다고 주장한다. 그러므로 변증은 바울이 배교를 가르친다고 말하는 유대인들을 향한 것이며 유대인들의 말을 믿는 유대 그리스도인들을 위한 것이다.

네 번째로 전도를 위한 목적이다. 오닐(J. C. O'Neil)은 사도행전의 기록 목적이 로마와 같은 이방인을 설득해서 그리스도인들을 핍박하지 않도록 하는데 있지 않고, 그들의 회심을 원했다고 주장한다. 이것이 로마인 총독 서기오 바울(13:7-12)과 빌립보 간수의 이야기(16:25-34)를 하는 이유인데 이 두 사람 다 그리스도인이 되었다. 또한, 로마인 왕 아그립바는 직접 전도 설교를 듣기도 했다(26:25-29). 데이빗 세컴(David Seccombe)은 누가가 재산의 적절한 사용을 강조하고, 부에 목숨을 걸고 있어서 기독교를 받아들일 수 없는 사람들에게 전도하기 위한 것이라고 본다.

다섯 번째는 목회적인 목적이다. 사도행전이 그리스도인을 위한 강화라고 한다면 그들을 인도하려는 목회자로서 누가의 목적이 있어야 할 것이다. 로버트 메독스(Robert Maddox)는 의심을 불러일으키는 도전들에 대해 그의 독자들이 응전할 수 있게 만드는 것이 누가의 목적이라고 주장한다. 예수께서 메시야라면 왜 유대인들이 예수를 자신들이 소유한 옛 예언을 성취하신 분으로 인정하지 않았는지를 이상하게 생각할 수도 있었다. 누가는 이런 그리스도인들에게 예수를 믿는 것은 궤도 이탈이 아니라 사실상 하나님께서 이스라엘을 사랑하시어 이끌어 가시는 것임을 다시 확인시키기 위해 썼다는 것이다. 이와 비슷하게 필립 에슬러(Philip Esler)는 누가의 목적을 기독교 운동에 정치적 합법성을 부여하기 위한 것으로 설명한다. 누가는 그리스도인들을 훌륭한 로마 시민으로 묘사하는데 이는 그리스도인이 된 로마 시민이 예수를 믿는 것과 로마에 대한 충성이 배치되는 것이 아님을 보여 주려는 것이다. 즉, 로마가 자신들이 받아들인 이 종교에 대해서 적법성을 인정하지 않으니까 그들도 자신들의 선택이 옳았는가에 대한 의문이 생겼을 것이다. 이에 대해 누가는 그들의 선택이 옳았음을 확신하게 해 주고 싶었던 것이다.

여섯 번째는 신학적인 목적이다. 콘첼만(Hans Conzelman)은 누가의 기록 목적을 교회의 삶에 나타난 신학적 위기 때문이라고 보았다. 초대 그리스도인들 중 많은 사람들은 파루시아(Parusia)[34], 즉 그리스도의 재림이 곧 일어날 사건이라고 믿고 있었다. 그러나 시간이 지나도 예수님이 다시 오시지 않자, 그리스도인들은 현재와 미래 모두에 대한 그들의 믿음을 재평가해야 했다. 콘첼만은 그러한 상황 가운데 누가가 신학적인 의도를 가지고 기록했을 것이라고 주장한다. 이와는 좀 다르게 aktif(I. H. Mashall)은 누가복음과 사도행전이 구원에 대한 특별한 관점을 보여주기 위해 쓰여졌다고 생각한다. 이는 '약속과 성취'라는 주장이다. 이 접근법은 누가의 기록 목적을 하나님의 약속의 분명한 성취를 선언하기 위한 것으로 본다.

B. 사도행전의 구조와 15장의 중요성

1. 사도행전의 기본 구조

사도행전의 구조를 이해하는 데에는 몇 가지 방법이 있다.

첫 번째는 사도행전의 구조를 지리적으로 나누는 방법이다. 사도행전 전체를 지리적으로 구분하고자 할 때, 사도행전 1:8("오직 성령이 너희에게 임하면 … 예루살렘과 유대와 사마리아와 땅 끝까지 이르러 내 증인이 되리라")을 토대로 다음과 같이 구분할 수 있다.

---

34) 재림을 가리키는 말로서 재림이란 이 세상 마칠 때, 예수 그리스도께서 산 이와 죽은 이를 심판하고, 현세의 역사에 종말을 고하기 위해 이 세상에 다시 오심을 말 한다(요 14:3, 행1: 11). 초대 교회 신자들은 이 재림을 파루시아(Parousia : 존재나 도착)라고 하였다.

1) 예루살렘의 활동(1:6-8:1)

2) 온 유대와 사마리아의 활동(8:2-11:18)

3) 땅 끝(=로마)까지의 활동(11:19-28:31)

1)은 예루살렘 안에서의 전도 활동을 다루고 있으며, 2)는 온 유대와 사마리아, 곧 팔레스틴 땅에서의 복음 전도 활동을 기록하고 있다. 그리고 3)은 팔레스틴 이외의 이방 지역에 대한 복음 전도 활동을 언급하고 있다. 이러한 구분을 할 때, 2)와 3)이 각각 스데반의 설교로 시작하고 있는 것이 아주 흥미롭다(8:4, 11:19). 이는 초대 교회 안에서는 박해가 오히려 복음 전도 활동의 중요한 원동력이 됐음을 보여주는 것이다.[35)]

두 번째는 인물중심으로 사도행전을 구분하는 것이다. 사도행전에서는 가장 중요한 인물이 베드로와 바울이라고 볼 수 있다. 물론 스데반과 빌립의 활동도 있었지만 사도행전 전체는 베드로와 바울을 중심으로 구성되어 있다고 볼 수 있다. 즉, 전반부는 베드로에 관한 이야기이고, 후반부는 바울에 관한 이야기이다. 이것은 사도행전을 이중구조[36)]로 파악

35) 김득중, 「신약성서개론」(서울: 도서출판 컨콜디아사, 1986), 144-145.

36) 서용원, "사도행전의 베드로와 바울,"「신학논단」25, 220. 이 이중구조의 증거로는 두 부분의 유사성을 들 수 있다. 유사성은 누가의 기술적 특징으로 보여지며, 베드로는 유대인들을 향해, 바울은 이방인들을 향해 나아가는 커다란 방향성을 견지하고 있다.

	베드로	바울
앉은뱅이 치료	3:1-10	14:8-11
마술사와 관련	8:14-25	13:4-12, 19:13-19
죽은자를 살림	9:36-43	20:7-12
감옥에 갇힘	4:1-11, 5:17-42	16:16-40
기적적인 출옥	12:7-11	16:26-34
매맞음	6:40	16:22-23
경배시도	10:25	14:8-18
유대적의식 따름	3:1	18:18, 21:23-26
산헤드린 앞에 섬	4:5-22, 5:22-42	22:30 - 23:10
병자 치유	5:15-16	28:8-9

하는 것이다.

1) 베드로 행전 : 1-12장

2) 바울 행전 : 13-28장

세 번째는 사도행전에 나오는 6개의 "일반적인 요약 문구"를 기초로 여섯 부분으로 나누는 방법이다. 사도행전 6:7("하나님의 말씀이 왕성하다.")와 같은 표현들이 사도행전에 10번(누가복음에는 4번)이나 등장하며 교회의 성장을 부각하고 있다. 누가는 약간씩 다른 표현들을 사용하여 교회의 성장을 6차례 요약하고 있다.

1) 6:7 - 하나님의 말씀이 점점 왕성하여 예루살렘에 있는 자자의 수가 더 심히 많아지고 허다한 제사장의 무리도 이 도에 복종하니라.

2) 9:31 - 그리하여 온 유대와 갈릴리와 사마리아 교회가 평안하여 든든히 서 가고 주를 경외함과 성령의 위로로 진행하여 수가 더 많아지니라.

3) 12:24 - 하나님의 말씀은 흥왕하여 더하더라.

4) 16:5 - 이에 여러 교회가 믿음이 더 굳어지고 수가 날마다 더하니라.

5) 19:20 - 이와 같이 주의 말씀이 힘이 있어 흥왕하여 세력을 얻으니라.

6) 28:30-31 - 바울이 온 이태를 자기 세 집에 유하며 자기에게 오는 사람을 다 영접하고 담대히 하나님 나라를 전파하며 주 예수 그리스도께 관한 것을 가르치되 금하는 사람이 없었더라.[37)]

---

37) David Wenham, 「복음서와 사도행전」박대영 역(서울: 성서유니온, 2007), 439.

이 6개의 문구도 복음이 예루살렘과 온 유대와 사마리아, 그리고 소아시아와 로마로 확장되는 단계를 암시하고 있다는 점에서 지리적 구분과도 전혀 무관한 것이라고는 볼 수 없을 것이다.[38]

2. 사도행전의 이방인 선교의 문제

사도행전은 구조적으로 누가의 저술 의도에 의해 베드로와 바울을 통해서 헬라파와 히브리파 그리스도인[39]들 간의 문제를 다루고 있다. 베드로와 바울의 진술을 통해서 이방인 선교의 당위성을 증명해 나가고 있다.

첫 번째는 이방인 선교로의 전환이다.

먼저 헬라파와 히브리파 사이의 대립의 상황에 들어가기 전에 누가는 유대인 그리스도인의 내부적인 문제를 먼저 소개한다(아나니아와 삽비라 사건 - 행 5:1-11). 이 사건은 헬라파와 히브리파 사이의 긴장 관계를 보여주는 사례라고 볼 수 있다. 왜냐하면 이 사건 바로 직전에 이방 공동체를 대표하는 바나바의 헌금으로 인해 히브리파 사람들이 심리적으로 압박을 받는 상황에서 위의 사건이 발생한 것으로 볼 수 있을 것이다.

히브리파 사람들의 그러한 압박감은 공동체의 주도권을 잡고 있는 상황에서 그렇게 단순한 문제는 아니었을 것이다.[40] 이제 구제문제(헬라파 과부들 - 6:1-6)를 통해서 누가는 양측의 대립을 더 극적으로 서술해 나간다. 헬라파 그리스도인들의 급격한 성장에도 불구하고 교회 내에서 구제

38) 김득중, 「신약성서개론」145-146.

39) '히브리파'는 이스라엘에서 출생하고 성장한 유대인들(또는 히브리 문화에 깊이 젖어 있던 사람들)을 말한다. 그들은 주로 아람어를 사용했으며, 선민의식에 젖어서 다른 민족에 대해 배타 의식이 강했다. 그리고 '헬라파'는 유대를 떠나서 각 나라에 흩어져 살다가 이스라엘에 돌아온 디아스포라 유대인들(또는 헬라 문화에 익숙한 유대인들)을 의미한다. 그들은 주로 헬라어를 사용했고, 다른 민족들에 대해서 개방적인 태도를 가지고 있다.

40) 초대교회의 분쟁상황은 바울의 보도에서도 볼 수 있듯이 아주 예민한 사안이었다. 바울은 고린도 전서 1장을 통해서 고린도 교회의 교인들에게 분쟁의 상황을 극복할 것을 촉구함으로 초대교회 안에 있었던 분쟁이 상황이 심각했음을 보여주고 있다.

사업이나 말씀 선포에 대해 적적한 분담이 이루어지지 않자 그 불만이 구제라는 구실로 외적으로 표출되게 된 것이다(6:1). 이 문제를 사도들은 '집사'라는 직제를 두어 잠재우려고 했으나 쉽지만은 않았다. 이는 더 본질적인 문제가 있었기 때문이다. 그들은 이제 헬라 말을 하는 유대인 지역이나 디아스포라 이방 지역에서 그리스도의 복음을 선포하게 된다. 이것은 히브리파 사람들의 폐쇄적인 선교관으로 인해 이방 지역 선교에 대한 미흡한 관심이 헬라파 사람들의 이방 지역에 대한 선교적 열정으로 나타났을 것이라고 보여진다. 이러한 이방선교에 대한 헬라파 그리스도인들의 열정을 누가는 베드로의 선교 활동에 비추어 정당화하고 있다. 다시 말해 베드로는 가이사랴의 고넬료가 회심하여 세례를 받은 후 예루살렘에서 이방인 선교를 반대하는 "할례당"의 주장에 대해서 답변을 해야 했다(행 11:1-18). 이와 같이 이방선교에 대한 비난 문제를 사도들의 대표격인 베드로의 활동에 비추어 정당화하는 과정은 당시 누가 교회의 상황이 반영되어 있다고 볼 수 있다.[41)]

두 번째는 이방인 선교의 정당성 문제이다.

이러한 헬라파 사람들의 열정은 사도들로 대표되는 히브리파 사람들의 안주하는 신앙을 넘어 더 포괄적인 주님의 부탁인 땅 끝까지의 선교의 방향을 인식하게 된다. 사도들이 구분해 놓은 직무에 대해 집사들은 그것을 수용은 했지만, 충분한 것은 아니었을 것이다. 그들 중 대표인 스데반은 공개적으로 말씀을 선포하고 기사와 표적을 민간에 행하기 시작했다. 즉, 스데반이 헬라파 지도자로 부상하여 히브리파 사람들에 위협적인 존재가 됐을 것이다.

스데반에게 행해진 박해와 비난은 이후 바울의 선교 과정을 통해서도

41) 서용원, "사도행전의 베드로와 바울,"「신학논단」25, 221-222.

지속적으로 나타난다. 바울은 유대인과 관련될 때 마다 이방선교에 대한 타당성 문제로, 이방인과 연관되는 경우에는 문화적 · 종교적 차이로 인한 대립이 부각되었다.[42] 누가는 이방인 선교의 정당성 문제로 인해 계속되어지는 갈등의 문제를 스데반, 바울과 같은 이들을 통해 사도행전 전반에 걸쳐 제시함으로 당시의 내외적 갈등의 문제를 해결해 나가려는 의도가 있었을 것이다.

3. 사도행전 15장의 중요성

누가는 초기 기독교 공동체가 가지고 있던 내·외적인 갈등의 상황에서 약속한 성령의 매개를 통해서 새로운 대안의 실마리를 제시하고자 한다.[43] 사도행전은 '성령의 복음'[44]이라고 불리기까지 한다. 하인리히 폰 바엘(Heinrich von Baer)은 누가의 작품에 있는 성령의 활동의 세 가지 국면을 구별했다.[45] 바엘은 누가가 구약 시대는 성령이 약속된 때로, 예수의 생애는 성령이 선택된 개개인들을 통해 개입하시는 때로, 성령 자신의 시대는 성령이 전 교회의 선교 활동을 인도하시는 때로 생각했다. 또한, 제이콥 제르벨(J. Jervell)은 누가가 성령의 역할로 과거와 자신의 시대를 구별하지는 않는다고 생각한다. 누가는 성령이 구약 시대에는 단지 약속되기만 했고 선지자들을 통해서 활동했다고 보지는 않는다(행 1:16;

---

42) 서용원, "사도행전의 베드로와 바울," 「신학논단」 25, 223-224.

43) Ibid., 224.

44) 김득중, 「신약성서개론」 160. 복음서와 사도행전에 나타난 성령의 빈도수 비교

	마태	마가	누가	요한	사도행전
영(Spirit)	12	19	22	17	28
성령(Holy Sirit)	5	4	11	4	41
	17	23	38	21	69

45) Heinrich von Baer, *Der Heilige Geist in den Lukasschriften* (Stuttgart: W. Kohlammer, 1926), 500-542; Mark A. Powell, 「사도행전신학」 이운연 역(서울: 기독교문서선교회, 2000), 86 재인용.

4:25; 28:25). 사도행전에서 성령은 일차적으로 예언의 영이며, 구약 선지자들을 통해 약속하신 메시야가 오셨음을 증거한다.

사도행전에서 누가는 성령을 여러 가지 측면으로 바라본다. 사도행전은 예수를 성령 수여자로 묘사하고 있다(행 2:16-21). 예수가 준 성령을 받은 사람은 권능을 받아 성령이 아닌 예수 그리스도를 증거 하는 것으로 설명하고 있다(행 1:8). 즉, 누가는 모든 인물과 사건이 성령의 역사에 따라 이야기를 전개해 나가고 있어 성령이 모든 일을 하고 있으며 그것은 곧 예수 그리스도가 행하는 것으로 말하고 있다.

누가는 성령이 모든 국가와 민족의 장벽을 초월하여 임재 한다는 것이 나타낸다. 이것은 초기 교회의 갈등을 중재하고 극복하는 힘이 성령께 있다는 것이다. 또한, 성령은 교회 공동체에의 영적 권위와 질서를 세우는 주체자로 묘사되고 있다. 이와 같이 초기 교회 공동체가 성령의 능력으로 확장되어 가는 과정 속에서 누가는 새로운 공동체 이해와 갈등으로 야기된 초기 교회 당시의 상황을 회고하며 예수의 증인들, 특히 베드로와 바울의 활동을 통해서 새로운 희망을 창출해 내려고 한다. 그렇기 때문에 베드로와 바울의 언급을 통해서 사도행전은 이 둘의 유사성을 통해서 그 목적을 진술을 해나가고 있으며, 나아가서는 유대인과 이방인 모두에게 전해지는 말씀의 선포라는 궁극적인 목표, 다시 말해 구원의 보편성을 제시하고 있는 것이다.[46] 이것은 구원의 특수성에서 보편성으로의 전환이며, 이 전환의 중심에 사도행전 15:1-35의 '예루살렘 공회'가 있는 것이다.

이 예루살렘 공회는 이방인들에게 할례 없이 그리스도의 복음을 전하는 것이 공식적으로 인정되었음을 의미하며, 일차적으로는 헬라파 유대

---

46) 서용원, "사도행전의 베드로와 바울,"「신학논단」25, 225-226.

인들의 신학적 승리였고, 나아가 기독교 역사에 있어서 유대 특수주의와 보편주의가 대립하다가 처음으로 보편주의가 교회 안에서 공식적으로 인정으로 받은 사건이라는 점에서 그 역사적인 의미가 크다고 볼 수 있다. 따라서 사도행전의 초대교회가 유대인 뿐 아니라 이방인에게까지 복음을 전파할 수 있게 되는 중요한 전환점이 되었으며, 이제 성령의 임재를 통해 지상 명령을 위임하신 하나님의 뜻을 이루어 갈 수 있는 시작점이 마련된 것이다. 이처럼 예루살렘 공회는 하나님의 구속사의 관점에서 보아 새로운 선교의 패러다임의 시작이며, 놀라운 전환점이 된다.

C. 예루살렘 공회의 발단과 과정

사도행전 15장에는 예루살렘 교회의 유대주의자들이 시리아의 안디옥 교회를 찾아와 소란을 일으킨 것을 볼 수 있다. 그들은 바울과 바나바의 이방인 선교정책에 반대하면서 이방 그리스도인이 구원을 받으려면 할례를 받아야 한다고 주장한다. 바울과 바나바를 통해 많은 이방인들이 그리스도인이 되어 교회 공동체 안으로 들어오게되자 유대인들에게 기쁨보다는 위협이 되었다. 이는 당시 유대교적 상황[47]에 비추어 볼 때, 기독교가 할례도 받지 않고 율법도 지키지 않는 이방인 위주의 종교가 되지 않을까 하는 위협을 느낀 것이다.

이에 대해 유대주의자들은 안디옥 교회의 신자들에게 바울의 선교정책을 공격하면서 그가 이방인들에게 할례와 율법을 면제해 줌으로써 복

47) 당시 기독교는 이스라엘 민족과 그들의 종교인 유대교와 깊은 연관을 맺고 출발하였다. 창시자인 예수도 유대인이고, 12제자들도 유대인이었으며, 이방인의 사도인 바울도 유대인이었다. 근본적으로 기독교는 유대교의 하나로서 또 유대교와 밀접한 연관을 갖고 출발하였기에 할례도 받지 않고 율법도 지키지 않는 이방인 중심의 교회가 된다는 것은 유대 그리스도인들에게 큰 위협이었다.

음의 알맹이를 다 빼버렸다고 말한다. 따라서 안디옥 교회의 이방인 신자들에게 그들이 받아들인 복음은 정통 복음이 아니라 변질된 복음이라고 지적하면서 모세의 관례대로 할례를 받지 않으면 구원 받을 수 없다고 경고했던 것이다. 그러나 유대주의자들이 이방인 선교를 본질적으로 반대하는 것은 아니었다. 다만 이방인들이 예수의 이름으로 세례를 받을 뿐 아니라 유대교 개종자처럼 할례를 받고 모세의 율법을 준수해야 된다는 것이다. 이처럼 유대주의자들의 선동에 의해서 안디옥 교회 공동체는 교의 문제에 휩싸이게 되었다. 바울과 바나바는 유대주의자들과 맞서서 많은 충돌과 논쟁을 벌였고, 그 결과 안디옥 교회는 예루살렘에 그 문제를 상정하기로 한다. 할례에 관한 문제는 예루살렘의 지도자들에게도 심각한 문제였다. 충분한 토의와 의견을 수렴하여 문제를 해결하지 않으면 예루살렘을 비롯한 팔레스타인의 교회와 안디옥을 비롯한 다른 이방 교회들 사이에 분열이 생길 수도 있었다.

소위 예루살렘 공의회라고 불려지는 예루살렘 사도회의는 전통적인 견해에서 볼 때, 갈라디아서 2장과 사도행전 15장에서 동시에 보도되고 있다. 갈라디아서는 이 회의에 직접 참석했던 바울의 증언을 담고 있으며, 사도행전은 후대에 제 3자인 누가의 증언에 의한 기록이기에 역사적 가치를 덜 갖는 것이 사실이지만 누가의 편집의도와 신학적 강조점을 가지고 있는 것이 사실이다.[48)]

이에 대한 차정식의 논지는 다음과 같다.[49)]

"당연히 바울의 기록이 신빙성 측면에서 우선시 되어야 하지만, 그렇다고

48) 손봉모, "예루살렘 사도회의와 관련된 본문들의 조화문제 - 사도행전 15장과 갈라디아서 2장의 조화문제," 「신학과 철학」 3 (서강대학교, 2001), 7-10.
49) 차정식, "예수에서 바울까지," 「뒤집어 읽는 신약성서」(서울: 대한기독교서회, 1999), 162.

바울의 기록이 그 때 거기 있었던 모든 일을 죄다 포함하여 낱낱이 객관적으로 보고하고 있다는 단정을 할 수는 없다. 왜냐하면 바울의 기록 속에는 갈라디아 교회의 내분이라는 위기적 상황에서 바울이 자신의 복음을 옹호하고 그 적대자들의 입장을 비판하는 변증적 의도가 강하게 작용하고 있기 때문이다. 이에 비해서, 사도행전의 기록은 교회의 일치와 무난한 발전이라는 저자의 편집의도와 맞물려 내부갈등은 극소화하고 화해와 공조를 최대한 강조하는 방향으로 채색되어 있다."

유대에서 일단의 그룹이 시리아 안디옥으로 오자 이방인 신자들도 할례를 받을 필요가 있는지에 관한 문제가 다시 대두되었으며, 바울과 바나바는 그들과 이 문제를 두고 설전을 벌인다. 이어지는 공회는 사도행전의 핵심적인 전환점 역할을 하는데, 왜냐하면 여기서 열띤 토론을 벌인 후 이방인 신자들은 유대인이 될 필요가 없다는 의견이 받아들여졌기 때문이다. 야고보는 아모스 9:11-12를 인용하면서 베드로와 바나바, 바울이 보고한 경험들은 구약에 예언된 것이라고 함으로써 논의를 마무리 하고 있다(행 15:16-17).[50]

예루살렘 공회의 과정에 대해서는 3개의 단원으로 분류할 수 있다.

1) 1-5절(회의가 소집된 이유)

이 사도회의는 1절의 '유대에서 내려온 어떤 사람들'에 의해서 촉발한 다툼에 의해서 시작되었다. 모세의 법대로 할례를 받지 않으면 구원을 얻을 수 없다고 하는 이들과의 대립에 의해서 사태의 발단을 맞이하게 된

50) David Wenham, Steve Walton, 「복음서와 사도행전」 박대영 역(서울: 성서유니온, 2007), 445.

다. 2절에서 '이 문제'라는 말로 지칭된 다툼의 원인은 할례 문제였다. 이는 이방인들이 입교 당시 할례를 받느냐 안 받느냐의 문제라고 하기 보다는 이방인들의 일반적인 율법 준수 문제가 그 배후에 자리 잡고 있었을 것이다. 이런 짐작이 가능한 것은, 추후의 예루살렘 회의에서 결의된 내용 중에 할례에 관한 직접적인 언급이 없고 대신 음식 규례에 관한 사항들이 포함되어 있다는 데서 연유한다. 또, 베드로 설교와 야고보 설교에서도 할례 자체가 문제되는 것이 아니라 율법 준수 일반이 문제되고 있음을 볼 수 있다.[51)]

이와 같은 문제의 해결 방안을 위해 안디옥교회의 대표를 파송해야만 했다. 이에 바울과 바나바 및 몇몇 사람들을 예루살렘에 보내기로 한다. 3절에서는 이들을 통해 베니게와 사마리아로 다니며 보여주었던 이방인 선교의 보고를 통해 예루살렘 교회에 이방인 선교의 타당성을 주장하려고 하는 저자 누가의 의도를 볼 수 있다.

또한, 예루살렘에 입성한 바울의 일행들은 장로들의 영접을 받았으며 이에 바울의 일행은 그들의 선교를 보고하였다. 그러자 5절의 '바리새파 중에 믿는 어떤 이들'을 통해서 이방인들은 할례를 받고 모세의 율법을 지켜야 함을 강요받게 된다. 이를 통해서 1절에 나타나는 안디옥에서의 분쟁의 근원자들이 바로 이들이었을 것에 대해서 암시해 준다.

2) 6-21절(예루살렘 사도회의)

이와 같은 문제에 대해서 해결 방법을 찾기 위해 사도와 장로들이 모여 많은 논쟁(6절)을 벌인다. 누구의 소집이나 강요에 의해서가 아니라 자발적으로 모인 것은 이 문제의 심각성과 중대성을 시사한다. 7절에 '많

---

51) 유상현, 「바울의 제1차 선교여행」(서울: 대한기독교서회, 2002), 188-191.

은 변론이 있은 후'라는 문구를 통해서 문제의 심각성을 여실히 드러내 주고 있다. 이 문제를 해결하는 방법으로 베드로와 야고보의 연설이 사용된다.

베드로(7-11절)는 이미 행 10장에서 보여주었던 고넬료의 이야기를 다시 언급한다. 베드로는 자신이 하나님으로부터 택함을 받아 이방인에게도 동일한 구원을 얻을 수 있음을 논증하게 된다. 베드로의 주장은 이방인과 유대인이 모두 동일한 근거와 기준을 적용 받아 구원에 이른다는 결론을 내린다. 율법 준수와 상관없이 이뤄지는 구원은 주 예수의 은혜로 말미암을 뿐이다. 이것은 이방인뿐 아니라 유대인에게도 해당되는 결론적 언급이다.[52]

13절부터 이어지는 야고보[53]의 주장을 통해서 이 사도회의는 마무리 되어지고 바울의 이방인 선교의 정당성을 인정하게 된다.

야고보는 구약의 인용을 통해서 '다윗의 무너진 장막'을 다시 짓는 것 '퇴락한 것'을 다시 고치며 바로 세움으로 이스라엘 민족의 영광의 회복이란 관점에서 진술 한다. 이러한 야고보의 이미지는 이방인을 포함한 새로운 구원의 경지를 암시하며 율법의 장애로 하나님의 백성이 온전한 집의 모습을 갖추지 못하게 될 때, 예수 부활 이 후 그 집의 재건축은 '허물어지고 파손된' 백성의 재형성을 뜻한다. 이는 구속사적인 관점에서 이방 선교의 정당성을 보여주는 미래적 세계이다.

이제 야고보는 좀 더 구체적으로 이 문제에 대한 해결 방안을 제시한

52) 유상현, 「바울의 제1차 선교여행」 197-207.

53) 초기 기독교 역사에서 야고보의 위치가 얼마나 중요했는지를 아는 데는 사도행전 15장으로 충분하다. 그는 선교 역사에서 분수령이 될 사건의 주재를 맡았고, 그것을 정리하여 마감했다는 점에서 자명한 사실로 드러난다. 또한, 사도행전 12장에서 헤롯 아그립바의 박해 시기중 체포됐다 기적적으로 구출된 베드로가 그 사실을 야고보에게 보고하라고 말하는 장면은 마치 하급자가 상급자에게 자신의 신상에 대한 보고를 올리라고 말하는 듯하다. 유상현, 「바울의 제1차 선교여행」 210.

다(19-21절). 이 해결 방안에 앞서 야고보는 우선적으로 전제해야 할 것이 이방인을 괴롭히지 말 것에 대해 주장한다. 이방인들을 괴롭히는 것은 율법의 각종 금령과 규례의 강요였음을 인식하고 야고보는 네 가지의 금지 조항을 제시함으로 이 문제를 마무리 짓고자 한다. 우상에게 더럽혀진 것들, 음행, 목매어 죽인 것[54], 피를 멀리하라는 것이다. 이와 같은 회의 결과의 내용을 모세의 율법처럼 공중 앞에서 회람되거나 낭독될 수 있도록 했다. 이는 이 회의의 결의가 확고하게 공식적 결정이라는 듯을 분명히 하는 한편, 그 내용도 널리 전하는 효과를 가져 올 수 있다.[55]

3) 22-35절(회의 결의 내용)

베드로와 야고보의 결의에 이어서 이것들이 사도들의 서신의 형태로 전달되게 되어진다. 먼저는 바울과 바나바와 함께 한 이들을 안디옥으로 보내기로 가결되어지며, 이제 편지를 안디옥을 포함한 시리아 길리기아의 이방인 전반을 향해서 발송하였다. 이 문제는 안디옥에만 해당하는 것이 아니라 이방세계 모두가 관련된 것이라는 인식은 이미 사도행전 15:19에서 표출된 바 있다.

이 문제의 발단이 되고 있는 어떤 사람들이 시키지도 않았는데 - 이는 사명이 주어지지 않았다는 의미이다. - 안디옥 사람들을 곤란케 하고, 마음을 어지럽게 하는 결과를 가져왔다. 이들의 안디옥 방문이 사적인 것이든 아니면 공적인 선교활동의 일환이었든지 그들의 발언은 문제를 야기시켰고 이는 이 회의를 통해서 결의된 내용을 서신으로 보내게 되는 원인이 되었다.

예루살렘 공회에서 결의된 사항은 먼저 예루살렘에서 대표를 파송하

54) 목매어 죽인 것 - 유대교의 의식에 따라 도살되지 않은 짐승의 고기를 의미한다(창 9:4).
55) 유상현, 「바울의 제1차 선교여행」 212-220.

는 것이다(25-27절). 이들의 파송은 이 문제의 심각성을 내포 하고 있으며, 바울의 선교보고가 긍정적인 평가('주 예수 그리스도의 이름을 위하여 생명을 아끼지 아니하는 자인 바울과 바나바 일행' ; 25절)를 얻음으로 예루살렘의 유다와 실라를 보냄으로 예루살렘 교회와 지역교회와의 교통과 결속의 강화를 도모하고, 이에 힘입어 자신들의 영향력 증대를 꾀하였을 것이다.

계속해서 28절에 '성령과 우리'는 필요한 것들 외에 아무 짐도 너희에게 지우지 아니하도록 가결한다. 이 성령과 우리는 공동 행동 주체임을 밝히며 필요한 것들, 즉 서신에 기록된 네 가지 금령 외에는 더 이상 짐을 지우지 않겠다는 말이다. 이는 네 가지 금령도 일종의 짐이라는 이해가 전제되며, 이 짐 외에 다른 짐들은 부과하지 않기로 했다는 것이다.

예루살렘 회의의 결의로 작성된 서신은 그 회의의 결의에 의해 선정된 전달자들을 통해 안디옥에 알려지게 된다. 이방교회의 기대와 요구를 예루살렘 교회가 수용했고, 이러한 수용의 결과에 기대어 예루살렘 출신자들인 유다와 실라를 보냈다. 이방교회의 요구를 받아들인 회의 결과가 있었기에 이런 긍정적 반응은 미리 예견됐을 것이다. 이러한 예견은 양 교회의 관계를 공고히 하고 영향력 강화를 꾀하려는 의도를 가졌을 수 있다.[56]

각 절의 더 깊은 의미에 대해서는 본문 주석을 통해 들어가 보도로 하자.

56) 유상현, 「바울의 제1차 선교여행」 231-244.

Ⅲ

본문주석

본문주석

A. 회의가 소집된 이유(1-5)

1 어떤 사람들이 유대로부터 내려와서 형제들을 가르치되 너희가 모세의 법대로
할례를 받지 아니하면 능히 구원을 얻지 못하리라 하니 2 바울과 바나바와 저희 사
이에 적지 아니한 다툼과 변론이 일어난지라 형제들이 이 문제에 대하여 바울과 바
나바와 및 그 중에 몇 사람을 예루살렘에 있는 사도와 장로들에게 보내기로 작정하
니 3 저희가 교회의 전송을 받고 베니게와 사마리아로 다녀가며 이방인들의 주께 돌
아온 일을 말하여 형제들을 다 크게 기쁘게 하더라 4 예루살렘에 이르러 교회와 사
도와 장로들에게 영접을 받고 하나님이 자기들과 함께 계셔 행하신 모든 일을 말하
매 5 바리새파 중에 믿는 어떤 사람들이 일어나 말하되 이방인에게 할례주고 모세
의 율법을 지키라 명하는 것이 마땅하다 하니라

(1절)

예루살렘 공회의 발단이 된 이 분쟁의 원인은 유대에서 온 어떤 사람들에 의해서 발단이 되었다. 샤프(Chaff)는 '이 사람들은 이름만 기독교인이지 실제로는 편협한 마음을 가진 유대인이었다.' 고 한다.[57]

---

57) Frank J. Goodwin, 「바울의 생애」 이남종 역(서울: 크리스챤서적, 1989), 60.

이 사람들은 예루살렘에서 온 기독교인들로 유대인이었을 것이다. 또한 이들은 갈라디아서 2:12에서 바울이 말한 바 있는 '야고보에게서 온 어떤 이들'과 같은 부류의 인물로 추정된다. 이들은 기독교 안에서도 유대교적 전통을 고수하려는 한 분파에 속한 사람들로서 구원을 얻는 데 할례를 필수적 조건으로 전제하고 이방인들도 할례를 받아야만 한다고 주장하는 사람들이다. 특히 24절의 진술에 비추어 볼 때 예루살렘 교회 안에서 결정된 바도 없이 이들이 독단적인 행동을 취했다는 점에서 계파 간에 배타적 대립이 있었던 것으로 짐작된다. 이들은 열성적 유대주의자들로서 바리새파에 속했던 사람도 있었는데 바울 서신에서 나타나는 주요한 논쟁의 대상이 이 부류의 사람들인 것 같다.[58]

핸첸은 예루살렘 대신 유다라고 기술한 누가가 몇몇 사람들(τινες[59])이 예루살렘의 사절들이 아니라는 인상을 주려한다고 말한다.

바울과 바나바가 중심이 되어 가르치고 있던 안디옥 교회에 할례 없이 구원이 불가능함을 가르친 이들의 사상은 바울과 바나바에 대한 일종의 도전이었다. 따라서 안디옥 교회 안에서 적지 않은 동요가 일어났을 것이며, 결국은 이것이 예루살렘 공회를 열게 했던 원인이 되었다.

(2절)

바울과 바나바와 유대파 기독교인들 사이의 논쟁은 매우 격렬했을 것으로 짐작된다. '적지 아니한'에 해당하는 헬라어 'ούκ όλιγης'에서 όλιγης는 부정어 ούκ와 상용될 때는 '아주 격렬한', '매우 심각한'의 뜻을 가진

58) 강병도, 「카리스 종합 주석 제13권」 (서울: 기독교지혜사, 2006), 452.

59) D syhmg 사본은 "그리고 모세의 관계대로 행해야 한다"라는 말을 첨가함으로써 그들은 단순히 개별적인 몇몇 계명만을 중요시한 것이 아니라 는 점을 강조하려고 했다고 한다. 또한, 시리아 Didaskalie 24에서는 여기에 음식물 계명도 언급했다. 누가는 여기서 단지 할례만을 언급해는데 그것은 할례에 모든 율법의 문제가 첨예하게 나타나기 때문이라고 한다. E. Haenchen, 「사도행전 (II)」 83.

다. 1절에서 어떤 사람들의 가르침의 내용이 바울과 바나바의 입장에서도 결코 물러설 수 없는 상황이었기에 유대 기독교 형제들과 피할 수 없는 아주 격렬한 난상 토론을 하였던 것 같다.[60] 이러한 상황 속에서 형제들[61](ϵταξαν = 공동체)은 이 문제를 위해 바울과 바나바와 또 다른 몇 사람[62]을 보내기로 결정했다.

(3절)

'저희가 교회의 전송을 받고'라는 이 말은 두 가지 의미를 내포하고 있다. 하나는 바울 일행이 안디옥 교회의 공식 대표임을 보여주며, 다른 하나는 안디옥 교회는 바울과 바나바의 가르침을 믿고 따르며 유대주의 기독교인들의 가르침에 동요되지 않음을 암시해 준다. 따라서 여기서 언급된 전송은 예루살렘 교회에 가서 할례 없는 기독교인이 구원에 관한 하나님의 뜻을 확증하고 유대주의 기독교인에 대해 승리하기를 바라는 안디옥 교회의 구체적인 행동이라고 볼 수 있다.

그런데 이들은 곧바로 간 것이 아니라 팔레스타인에 위치한 베니게와 사마리아[63]를 두루 다니며 그들의 복음을 전했다. 이 지역은 유대인들에게 소외된 지역임에도 불구하고 바울과 바나바 일행은 이 길을 선택한다. 이것은 곧 이 두 지역의 사람들도 이방인에 대한 바울의 복음 전도 사

---

60) 강병도, 「카리스 종합 주석 제13권」 431.

61) D사본은 유다로부터 온 사람들을 ϵταξαν의 주어로 만들고, 고전 7:24을 사용하여 본문을 확대했다. D본문은 교회 내의 논쟁에 대해 보다 상급 직무자로 하여금 판단하게 하는 관습이 생겨나고 있음을 말해준다. E. Haenchen, 「사도행전 (Ⅱ)」 84.

62) 이 또 다른 몇 사람은 디도(갈 2:1-3)를 추측해 볼 수 있다 그러나 사도행전은 계속해서 그에 대해 아무 말도 하지 않는다. 누가는 단지 그들을 중요한 사절들로 기술하려고 했을 뿐이다. 그렇게 중요한 문제가 걸려 있는 사절이 단 두 사람으로 이루어질 수는 없기 때문이다. Ibid., 84.

63) 베니게와 사마리아에는 이미 복음이 전파되어(행 8: 5이하; 11: 19, 두로의 교회 21: 3이하) 교회가 세워졌다. 이곳은 스데반의 순교 이후 흩어진 빌립을 비롯한 헬라파 그리스도인들의 전도로 회심하였기 때문에(행 8: 4-25; 11: 19) 이곳의 그리스도인들 역시 이방인에 대해 개방적이었을 것이다.

상을 지지하고 있었음을 짐작해 볼 수 있게 한다.[64]

바울의 일행이 예루살렘을 가기 전 베니게와 사마리아를 지나며 복음을 전한 것에 대해서 핸첸은 다음과 같이 본다. 베니게에도 유대 그리스도교 공동체가 존재했다(11:10)고 본다. 또한 이방선교는 모든 그리스도인들에 환영을 받는다. 따라서 이에 대한 반대는 단지 소수에 의한 것이다.[65] 따라서 이 구절은 이방인 선교가 당시에도 문제가 되지 않는다고 하는 누가의 신학적 의도가 담겨 있는 것이다.

(4절)

바울의 일행이 예루살렘에 도착하자 교회의 사도(헬라어 원문에는 αποςτογων ; 복수형으로 쓰였다.)와 장로들에게 영접을 받게 된다. '영접을 받고'에 해당하는 헬라어 παρεδεκθησαν는 '그들이 영접을 받았다' 라는 뜻이 있다. 예루살렘 교회의 사도들과 장로들은 단순히 형식적인 예의를 갖춰서 환영한 것이 아니라 특별한 관심을 가지고 바울과 바나바를 진심으로 반갑게 맞이했다. 이들의 진심어린 환영은 곧 갈라디아서 2:9에서와 같이 바울과 바나바 일행의 이방 선교의 새로운 장을 확립하는데 일종의 복선이라고 할 수 있다.[66]

바울의 일행은 하나님이 자기들과 함께 계셔서 행하신 일을 안디옥에서와 마찬가지로 예루살렘 교회에도 선교 여행의 결과를 보고하게 된다. 누가는 이렇게 하나님의 개입을 3절과 4절에서 거듭 강조함으로 이방인의 선교가 하나님의 뜻에 따른 것임을 초대 교회에 인식시킴으로써 반대론자의 도전을 하나님에 대한 도전으로 부각시키고 있다.

---

64) 강병도, 「카리스 종합 주석 제13권」 453.

65) E. Haenchen, 「사도행전 (II)」 85.

66) 강병도, 「카리스 종합 주석 제13권」 432.

(5절)

이제 바리새파 중에 믿는 어떤 사람들은 이방인에게 할례를 주고 모세의 율법을 지킬 것을 요구한다. 핸첸은 누가는 서방본문[67]과는 달리 안디옥과 예루살렘에서 할례를 요구한 사람들이 동일한 사람들인 것으로 서술하지 않았다고 한다.[68]

당시 예루살렘 교회 안에는 바리새파 출신 개종자들이 있었는데 이는 유대교적 전통과 기독교가 갈등 관계에 놓이게 되었음을 암시한다. 이 바리새파 출신 기독교인들[69]이 예루살렘 교회에서 이방 선교에 대한 문제를 공식적으로 제기했다는 점에서 이들이 유대교적 기독교 운동의 핵심 인물이었을 것이며, 이는 1절에서 언급된 '어떤 사람들'도 이들이 파송했을 가능성이 크다. 왜냐하면 여기서 언급되는 할례에 대한 주장이 1절에서 언급된 주장과 동일하기 때문이다.[70]

B. 예루살렘 사도회의(6-21)

6 사도와 장로들이 이 일을 의논하러 모여 7 많은 변론이 있은 후에 베드로가 일
어나 말하되 형제들아 너희도 알거니와 하나님이 이방인들로 내 입에서 복음의 말
씀을 들어 믿게 하시려고 오래 전부터 너희 가운데서 나를 택하시고 8 또 마음을 아
시는 하나님이 우리에게와 같이 저희에게도 성령을 주어 증거하시고 9 믿음으로
저희 마음을 깨끗이 하사 저희나 우리나 분간치 아니하셨느니라 10 그런데 지금 너

67) 서방 본문은 1절과 5절에서 각기 율법적인 경건성을 주장하는 자들을 동일시 했다. 따라서 겉보기에 이 설화는 보다 긴장감 있게 된다.

68) E. Haenchen, 「사도행전 (Ⅱ)」 85.

69) 이들은 그리스도인이 된 후에도 율법에 대한 열심(행 21: 20)과 외적의식에 지나치게 열중한 나머지 다른 모든 사람들을 자기들의 원칙에 굴복시키려 하였다.

70) 강병도, 「카리스 종합 주석 제13권」 454.

희가 어찌하여 하나님을 시험하여 우리 조상과 우리도 능히 메지 못하던 멍에를 제
자들의 목에 두려느냐 11 우리가 저희와 동일하게 주 예수의 은혜로 구원받는 줄을
믿노라 하니라 12 온 무리가 가만히 있어 바나바와 바울이 하나님이 자기들로 말미
암아 이방인 중에서 행하신 표적과 기사 고하는 것을 듣더니 13 말을 마치매 야고
보가 대답하여 가로되 형제들아 내 말을 들으라 14 하나님이 처음으로 이방인 중에
서 자기 이름을 위할 백성을 취하시려고 저희를 권고하신 것을 시므온이 고하였으
니 15 선지자들의 말씀이 이와 합하도다 기록된 바 16 이 후에 내가 돌아와서 다윗
의 무너진 장막을 다시 지으며 또 그 퇴락한 것을 다시 지어 일으키리니 17 이는 그
남은 사람들과 내 이름으로 일컬음을 받는 모든 이방인들로 주를 찾게 하려 함이라
하셨으니 18 즉 예로부터 이것을 알게 하시는 주의 말씀이라 함과 같으니라 19 그
러므로 내 의견에는 이방인중에서 하나님께로 돌아 오는 자들을 괴롭게 말고 20 다
만 우상의 더러운 것과 음행과 목매어 죽인 것과 피를 멀리하라고 편지하는 것이 가
하니 21 이는 예로부터 각 성에서 모세를 전하는 자가 있어 안식일마다 회당에서 그
글을 읽음이니라 하더라

(6절)

사도들과 장로들은 예루살렘 교회의 책임 있는 지도자들로써 이 일에 대해서 논의하기 위해서 모였다. 그러나 12절에 '온 무리가'와 22절 '온 교회가' 라고 말하고 있는 것으로 볼 때, 다른 회중들이 참석하였음을 알 수 있다. 이 회의는 기독교가 발생된 후 최초로 시작된 교회 총회라는 점에서 큰 의미가 부여된다. 즉, 기독교가 이방인들에게 전파되자 유대인들이 그 동안 매우 자랑스럽게 지켜 왔던 선민 의식에 큰 타격을 받게 되면서 나타난 민족적 감정에 교회가 공식적으로 대응했다는 점과 종교적으로 중요한 구원에 관한 교리를 취급했다는 점에서 종교 회의의 모태가 된 것이다.[71)]

(7절)

이 회의가 상당히 진지하고 열띤 토론이었을 것은 분명하다. 여기서의 '변론'은 분쟁 아니 토론을 뜻하는 말로 일방적인 변론이 아니라 상호간의 주장을 내놓고 토의한다는 의미로 이해되어야 한다. 변론 앞에 사용된 '많은'이라는 단어의 뜻은 '오랜'이라는 시간적 의미로 이해될 수 있다. 따라서 오랜 시간 동안 이 문제에 대한 토의가 계속되졌을 것이다. 이 장시간의 토의 속에서 베드로와 야고보(13절) 두 사람 만이 예루살렘교회를 대표해서 발언을 하게 된다. 이는 이 둘이 예루살렘 교회의 기둥 역할을 했던 것으로 짐작할 수 있다.[72]

많은 변론 후에 베드로가 먼저 연설한다. 여기서 누가가 특히 베드로를 등장시키는 데에는 특별한 의의가 있다. 베드로는 모든 사도들 중에서 제일 먼저 부름을 받은 첫 제자이며, 또한 제자들의 지도자격인 수제자였다. 예수의 부활을 깨닫고 증거한 것도 그가 처음이었고, 이방인에게 복음을 전하라는 하나님의 환상을 보고 또 그 말씀대로 순종한 것도 그가 첫 인물이다. 그러므로 베드로야말로 이 문제에 대하여 말할 수 있는 가장 적임자이다. 따라서 이런 베드로의 위치로 보아 모두 조용히 경청하였을 것이다. 그러나 베드로가 이 연설로 사도행전에서는 그 자취가 사라지게 되고, 사도들(특히 12제자)의 행적도 16:4에서 예루살렘 회의의 결정을 언급한 뒤에 더 이상 나타나지 않는다. 이 연설로서 베드로와 12사도들은 사도로서의 소임을 마친다고 누가는 판단하였다. 브루스는 베드로가 여기서의 연설을 통해 "안디옥에서의 그의 실수에서 완전히 회복되었다."(갈 2: 11)고 말한다. 그러나 핸첸은 역사적 베드로의 모습은 아니라고 반박한다.

---

71) 강병도, 「카리스 종합 주석 제13권」 454.

72) Ibid., 454.

(8절)

'마음을 아시는'에 해당하는 헬라어 καρδιογνώστης는 '모든 사람들의 마음을 완전하게 꿰뚫어 보시는 자', '사람이 무엇을 생각하고 있는지도 정확히 아시는 자'의 뜻을 가진다.[73] 마음을 아시는 하나님은 이방인들에게 성령을 주심으로써 그들에게도 좋은 증거를 주셨다.[74] 이러므로 사도행전 10장의 고넬료의 사건을 상기하게 된다.

(9절)

하나님께서 유대인이나 이방인을 분간치 않는 증거는 이방인에게도 성령을 주신 것이다. 이것은 성령을 주심으로 마음을 깨끗케 하사 고넬료를 깨끗케 하신 것처럼 이방인들을 깨끗케 하셨다. 핸첸은 '마음을 아는 분'에 관하여 경건한 유대인과 경건한 이방인 사이의 차별을 거부하고 인간들에게 스스로 하나님의 마음에 드는 상태로 들어갈 수 있는 가능성을 부여하는 것으로 본다. 다시 말하면 구원은 오직 믿음에 의해 결정되는 것이지 전통이나 민족에 의해 차별적으로 주어지는 것이 아니다. 어느 누구나 하나님 앞에서 동등한 것이다. 지금까지 베드로의 변론은 공회가 소집하게 된 내용인 할례 문제와는 직접적인 연관이 없고 단지 이방 선교의 정당성에 초점이 맞추어져 있다.[75]

(10절)

그런데(οὖν)는 '그런데 이제'라는 결론을 이끈다. 부르스는 기독교 초

---

73) 강병도, 「카리스 종합 주석 제13권」 435.

74) 마음을 아시는 하나님은 내면적인 가치도 아신다. 이 표현은 행 10:34과 일치한다. 하나님은 '외모로 사람을 가리는 분'이 아니라 하나님은 사람이 어떤 민족에 속했는가를 보지 않고 그의 마음이 어떤가를 본다. E. Haenchen, 「사도행전 (II)」 87.

75) 강병도, 「카리스 종합 주석 제13권」 455.

기 당시(1세기 중엽) 베드로가 활동하던 때에는 샴마이(Shammai)학파의 극단적인 해석으로 율법이 그 어느 때보다 사람들에게 무거운 짐이 되었다고 한다. 그러나 핸첸은 이것은 하나님이 이방인들을 인정하셨으므로 제자들의 등에 감당할 수 없는 율법의 멍에[76]를 지우는 것은 하나님을 시험하는 것을 의미한다고 본다.[77]

베드로는 유대인으로서 욥바와 가이사랴에서 이방인과 같이 사귀고 먹는 것은 위법이지만(행 10: 28) 그들과 같이 먹었다. 왜냐하면 하나님 자신이 이방인을 구분하지 않았기 때문이다. 그리고 고넬료의 회심 때에는 할례의 필요성이나 요청이 전혀 언급되지 않았다. 베드로는 하나님이 택하시고 부르시고 말씀을 주시고 믿게 하셔서 성령을 주시고 깨끗하게 하셨는데 이에 대하여 이의를 거는 것은 하나님을 시험하는 것과 같다고 논증한다.

(11절)

베드로는 이미 고넬료의 사건을 통해서 하나님의 구원이 차별 없이 이루어짐을 확인한 바가 있다. 따라서 이제 모두에게 주시는 동일한 은혜로 말미암아 구원을 얻을 수 있음을 주장함으로 그의 논증을 마치고 있다.

사도행전에서 베드로는 분명 이방인의 사도로 부름을 받지만, 누가는

---

76) '율법의 멍에' 이말은 유대교 신학과도, 바울의 신학과도 일치하지 않는다. 첫 번째, 유대교 신학에서는 율법에 우선권을 부여하고 율법이 도움이 되다고 본다. 유대교에서 멍에라는 개념은 종교적인 의무들을 나타내며 율법의 어려움이나 감당할 수 없음에 대한 비난을 내포하지는 않는다. 두 번째, 이 표현은 바울 적이지도 않다. 바울의 신학에서는 인간이 율법을 수단으로 하여 본래적인 안정을 얻으려고 하지만 오히려 하나님으로부터 멀어질 뿐 이다고 한다. 이에 반해 이 구절에서 율법은 헬레니즘계 이방 그리스도인들에게 비춰진 율법, 즉 어떠한 인간도 이룰 수 없는 무수한 계명들과 금령들로 나타난다. 여기서는 분명히 누가 자신이 말하고 있으며, 그는 자신의 시대와 주변세계의 관점을 반영하고 있을 것이다. E. Haenchen, 「사도행전 (Ⅱ)」 88.

77) Ibid., 88.

바울을 할례자의 사도라고 다르게 말한다(갈 2:7,8). 베드로는 바울 만큼 이나 율법과 그리스도인의 관계에 대한 인식을 갖고 있지는 못했지만 이방인 선교의 정당성에 관해서는 확신을 가지고 있었다. 누가는 이제 율법으로부터 자유한 이방인 선교는 정당하며 하나님이 이방인들에게 필요한 순결성을 직접 부여하셨다고 말한다. 그리고 율법은 결코 모두 지켜질 수 없는 것이라고 말한다.

(12절)

온 무리가 '가만히 있어'에 해당하는 헬라어 'Εσιγησεν은 σιγαω의 3인칭 단수 제1부정과거 능동태 직설법으로 '그가 침묵을 지켰다'라는 뜻을 가지고 있다. σιγαω는 '어떤 상황에 대한 충격이 너무 커서 어떤 행동을 취할 수 없는 상태에 있다', '쓸데없는 말을 하지 않고 질서를 존중한다'의 뜻을 가진다. 아마도 베드로가 7-11절에 한 말에 충격을 받고 너무나 당황하여 뭐라고 대꾸조차 못하고 있는 것일 수도 있다. 분명 베드로의 메시지가 가히 유대 기독교인들에게는 충격적이었을 것이다.[78)]

이제 회중 가운데 모든 논쟁이 끝났다. 이 논쟁으로 시끄럽던 회의장이 베드로의 변론으로 침묵하게 되었다는 말로 베드로의 주장이 회의에서 받아들여졌음을 암시해 준다. 이는 바울과 바나바의 선교 활동을 공인하고 바리새파 출신을 중심으로 한 유대교적 기독교인들의 주장을 배격하게 되었음을 간접적으로 암시해 준다.

이미 바울은 예루살렘 교회에서 영접을 받고 이방 선교에 관한 보고를 한 바 있다. 여기서는 공식적 회의장에서 자신들의 경험을 이야기하여 이방인들이 구원받았다는 객관적 사실을 설명하고자 한다. 즉, 바나바와

78) 강병도,「카리스 종합 주석 제13권」437.

바울은 여기서도 4절에 언급한 바처럼 자신들의 이방 선교는 하나님의 역사로 이루어진 것이며 이방인들이 구원받게 된 것은 하나님의 강권적인 역사임을 증언하고 있다.[79] 이 하나님의 역사를 증명함에 있어서 이방 선교의 현장에서 보여진 표적과 기사(14:3, 8-10)는 이방 선교가 철저히 하나님의 뜻이었음을 증명한다.

(13절)

이제 이 논쟁에 대해서 야고보의 주장이 펼쳐진다. 야고보는 주의 형제를 말하며 예루살렘 교회에서 존경받는 지도자의 위치에 있었던 것 같다(12:17, 21:18, 갈 2:9). 그는 이 회의를 베드로와 함께 이끌었으며 의장의 직분을 담당하여 이 회의를 마무리 하고 있다.

(14절)

야고보는 베드로가 주장한 내용을 다시 상기시키며 이방인을 부르시는 하나님에 대해 재차 언급하고 있다. 베드로의 고넬료 사건을 통해서 하나님께서 이방인을 선택하여 부르신다는 것을 주장하고 있다.

야고보는 베드로를 아람어 형태인 '시므온'이라고 말한 것은 유대인 그리스도인들에게 친근함을 나타내려는 작은 시도라고 한다. 이는 회의에 참석한 사람들이 베드로의 옛 이름을 모두가 알 정도로 서로를 잘 아는 유대인이었을 것을 짐작한다. 그러나 핸첸은 야고보가 아람어로 말했음을 암시하고자 하는 누가의 의도라고 보기도 하고 아니면 그 회의에 모인 사람들이 유대인들뿐이었음을 암시한다고 한다.[80]

---

79) Ibid., 455-456.

80) 강병도,「카리스 종합 주석 제13권」456.

(15절)

야고보는 구약 선지서의 인용이 베드로를 통해서 성취되었음을 증명하려 하였고 이를 통해 베드로의 주장을 회의의 결론으로 확정지으려 하였다.

(16-18절)

16절에 '이후에 내가 돌아와서'는 주로 70인역에서 인용되었다. 그런데 70인역의 인용에서 약간의 변형을 볼 수 있는데, '그날에'는 '이후에 내가 돌아와서'로 '이 일을 행하시는 여호와'는 '예로부터 이것을 알게 하시는 주'로 바뀌었다.[81] 그러나 의미상으로는 완전히 일치한다. 야고보는 무너진 장막을 다시 일으키는 것은 다윗 왕국의 회복이나 이스라엘의 회복이 아니라 다윗의 자손 예수의 부활과 승천으로 말미암아 하나님께서 다윗에게 주신 약속이 성취됨을 말한다. 이것은 유대주의의 배타적인 세계관이 무너지고 메시야에 의해 재건된 세계관으로의 전환을 강조하기 위해 인용했음을 나타내 준다.

또한, 17절에 무너진 다윗의 장막을 다시 짓게 되는 목적이 모든 이방인들이 주를 찾게 되도록 하는 것에 있음을 강조하여 야고보는 이방인들의 기독교인 됨이 구약의 예언 성취임을 밝히고 있다.[82]

---

81) 맛소라 사본(MT)과 70인역의 차이는 더욱 뚜렷하다. MT의 '기업으로 얻게 하리라'가 70인역에서는 '찾게 하려하다'로 되어있고 '에돔'을 '사람'으로 바뀌었다. 그리고 MT의 '남은자'와 '내 이름으로 일컫는 만국'은 목적격 부사가 붙어있어 목적격인데 비해 70인역에서는 주어로 되어 있다. 따라서 70인역의 '이는 그 남은 사람들과 내 이름으로 일컬음을 받는 모든 이방인들로 주를 찾게 하려 함이라'와 MT의 '저희로 에돔의 남은 자와 내 이름으로 일컫는 만국을 기업으로 얻게 하리라.'는 의미가 다르다. MT의 의미는 몰락한 다윗 왕가의 번영이 회복될 것이며, 다윗의 집이 이방인을 정복하여 옛날 다윗l 제국에 속한 모든 영토를 다시 다스리게 될 것이라는 뜻이다. 그러나 70인역은 이스라엘의 남은 자와 내이름으로 일컬음을 받는 모든 이방인들까지도 주를 찾게 된다는 것이다. 권오현,「바울의 생애(상)」432.

82) 강병도, 「카리스 종합 주석 제13권」 456-457.

(19절)

'그러므로'는 이제 이 회의의 결론을 의장인 야고보가 마무리하려는 의도가 있음을 보여주는 접속사이다. 야고보가 인용한 아모스의 예언대로라면 자신이 제안하는 다음의 의견을 받아들이는 것이 당연하다는 듯이다. '내 의견'에 해당하는 헬라어 'εγω κρινω'는 '내가 판단한다.' 또는 '내가 심판한다.'의 의미로 야고보 자신이 단순히 의안을 상정하는 것이 아니라 모든 토론의 결론을 내리는 재판장으로서 최종 판결을 내리는 듯한 어감을 주고 있다.83 또한, 야고보의 결론은 그의 권위가 예루살렘 교회에서 대단했음을 암시해 준다.

야고보는 '괴롭게'에 해당하는 헬라어 'παρενοκλεις'는 10절의 '멍에를 매우다.'의 'επιθεναι'에 상응한다. 이는 야고보도 베드로와 똑같이 강력하게 율법으로부터의 자유에 대해 말한다.[84]

(20절)

'다만 …'이라고 하는 어투는 강제적인 명령이라기보다는 권면의 성격을 띠고 있다. 이방인들에게 요구되어졌던 네 가지 요구는 부담스러웠던 할례의 문제와 함께 수많은 율법의 계명들과 금지조항이었을 것이다. 19절이 '괴로움을 주지 말자'는 부정문을 통한 소극적 호소로 해결의 일반론을 개진했다면, 20절은 보다 적극적이고 구체적인 문제의 해법을 제시한다. 이것이 야고보가 말한 네 가지의 금지사항이다.

우상의 더러운 것 : 이는 우상에게 바쳐진 음식을 의미한다. 또한 '우상의 더러운 것'은 '우상숭배'에 대한 금령으로도 해석이 가능하다. '우상숭배'는 좁은 의미로 기독교인이 이교적 예배에 직접 참석하고, 그곳에서

83) Ibid., 457.
84) E. Haenchen, 「사도행전 (Ⅱ)」 92.

의 공동식사에 참여하는 것이다(고전 8장). 이 공동식사는 그들의 신이 가상적 식탁의 주인이 되는 엄숙한 종교의식으로 간주되었다. 그러나 넓은 의미에서의 '우상숭배'는 직접 그 예배에 참석하지는 않았지만 제단에 올랐던 그 고기를 먹는 경우이다. 우상에게 바쳐진 음식에 관한 논쟁은 이방 선교 과정에서 부딪힐 수밖에 없는 문제 중 하나였다. 예루살렘 총회는 우상의 음식에 대해 부정적인 결론을 내렸으나 갈 2:11-14에서 바울은 각자의 양심에 맡김으로써 보다 자유로운 입장을 취했다.

음행 : 일반적 의미의 모든 성적 범죄를 의미한다. 이교도 문화권에서는 간음(살전 4: 3-7), 창기, 동성연애(롬 1: 26, 27), 근친상간(고전 5: 1), 수간(bestiality)등을 말하며, 유대교에서는 금지된 결혼법의 파기(레 18: 6-18, 마 5: 32; 19: 7)를 의미하는 것으로 결혼 중에 또는 결혼에 대한 금지된 것을 범하는 것을 가리킨다. 민수기 25장 1절 이하에는 이스라엘 사람이 미디안 여인과 결혼하는 것을 음행이라 했다.[85]

십계명에 언급되어 있는 이 규정이 예루살렘 총회의 권면 조항에도 나타나게 되었으므로 학자들에게 여러 가지 해석을 불러일으켰다.[86]

목매어 죽인 것 : 유대교의 의식에 따라 도살되지 않은 짐승들의 고기를 나타낸다. 이 짐승들은 피를 쏟지 않고 죽었음으로 이 고기들을 먹는 것은 피 채 먹는 것이 된다.

피 : 의례적으로 도살되지 않은 이 고기들을 먹는 것은 피 채 먹는 것이 되는데 이는 이미 구약에서 금지된 것으로 이해한다(창 9:4, 레 17:14, 신

---

85) 권오현, 「바울의 생애 (상)」 434.

86) 1) 우상에 바친 음식을 먹음으로써 범하는 영적 음행(Beza Selden) 2) 우상의 신전에서 행하는 육체적 음행(Stolz, Heinrichs) 3) 음행을 조장하고 매개하는 포주의 죄(Salmasius) 4) 축첩 행위(J. Calvin) 5) 근친혼(Lightfood) 6) 이교도와의 결혼(Teller, Bruce, J. W. Packer) 7) 재혼(Schwegler) 8) 돼지고기(Bentley) 9) 금지된 혈족간의 결혼(Haenchen) 여기서의 음행은 이방인들이 범할 수 있는 여러 가지의 음행을 포괄하는 것으로 이해하는 것이 적절한다. 강병도, 「카리스 종합 주석 제13권」 457.

12:16,23). 구약에서 피를 먹지 못하게 규정한 것은 피가 생명 뜻하기 때문이었다(레 17:11).

그러나 핸첸은 '피를 먹는 것'과 '목매어 죽인 것'을 먹는 것을 하나로 볼 것이 아니라 구별할 필요학 있다고 한다. 왜냐하면 창 9:4에는 목매어 죽인 짐승의 고기를 먹는 것을 금지하고, 레 19:17은 피를 먹는 금하며, 레 17:10-15에는 두 가지를 다 금하고 있어 구약성경이 두 개를 서로 구분하고 있기 때문이다. 피로 만든 음식이나 피를 곁들인 음식을 먹는 것은 제의적으로 올바르게 요리되지 않은 고기를 먹는 것과는 구별되었다. 따라서 여기서는 특별히 '피'를 언급할 필요가 있었 다.[87)]

야고보는 소위 '사도법령'[88)]을 의결하여 이방인 교회에 편지를 보내자

87) E. Haenchen, 「사도행전 (Ⅱ)」 93.

88) 이 사도법령에 관한 네 가지 조항들에 대해서는 사본학적인 문제와 신학적 이해들이 나뉘고 있으며, 학자들간에 계속되는 논란이 일고 있다. 이는 20, 29절의 정확한 의미가 무엇인지 파악하기가 쉽지 않기 때문이다. 이 칙령에 대한 해석을 위해서는 칙령의 조항들을 의식적으로 해석하느냐, 아니면 도덕적으로 해석하느냐 하는 마틴(Ralph P. Martin)이 제시하는 최소한 두 가지 견해에 주목할 필요가 있다.

1) 의식적 해석 : 이 해석에 따르면 '목매어 죽인 것'과 '피를 멀리하라는 것'은 쉐키타 방법으로 동물을 잡음으로써 피를 완전히 제거하지 못하여 시체 속에 남아 있는 피를 먹게 된다는 유대인의 두려움을 대변하는 것이다. 유대인들이 이 죄악을 피해야 하는 의무는 창 9:3,4 "무릇 산 동물은 너희의 식물이 될지라 채소같이 내가 이것을 다 너희에게 주노라 그러나 고기를 그 생명 되는 피채 먹지 말 것이니라"는 말씀과 레 17:10,11의 "무릇 이스라엘 집 사람이나 그들 중에 우거하는 타국인 중에 어떤 피든지 먹는 자가 있으면 내가 그 피 먹는 사람에게 진노하여 그를 백성 중에서 끊으리니 육체의 생명은 피에 있음이라 내가 이 피를 너희에게 주어 단에 뿌려 너희의 생명을 위하여 속하게 하였나니 생명이 피에 있으므로 피가 죄를 속하느니라"는 말씀에 근거한다.

2) 도덕적 해석 : 본문의 본래적인 본문에 관심을 가지기 보다는 본문을 보다 더 잘 이해하려는 의식적인 작업을 한 서방계 사본들에는 '목매어 죽인 것'(πνικτων)이라는 문구가 삭제되어 있다. 그렇게 될 경우 남은 세 가지 금령들은 도덕적인 요구 사항으로 해석할 수 있게 된다. '우상의 더러운 것'과 '음행'은 레 18장의 혼인이 금지된 가족의 촌수를 어기고 하는 혼인으로 해석 될 수 있고, '피'는 살인을 금하는 것으로 해석될 수 있다.

바울이 예루살렘 교회의 내 가지 칙령에 대하여 동의한 이유에 대해서 학자들의 견해는 다양하다. 드레인(J. W. Drane)은 바울이 갈라디아서에 선언된 이방인의 자유에 대한 가르침을 예루살렘 공회에서 변경시켜 융화적인 태도를 취하였다고 주장한다. 채드윅(H. Chadwick)은 바울이 아주 교묘하고도 정교한 처리를 요하는 그런 상황을 대하면서 신축성을 보인 것으로 본다. 준츠(Zuntz)는 음식이 시체 속에 남아 있는 피 때문에 그 내용물 자체가 불결할 수도 있고, 목매어 죽이는 조리 방법 때문에 불결한 것일 수도 있다고 본다. 그리고 사전에 우상에게 드려졌기 때문에 불겨해질 수도 있다는 이유로 세 가지 항목들

고 제안한다. 그는 할례와 수많은 율법적 계명과 금지조항들은 이방인에게 짐(28절)이 되므로 그들을 괴롭게 말고(19절), 이방인에게 율법적인 부담으로 여겨지지 않는 법적 의무만을 제안한 것이다. 이런 제안은 이방인들을 형제로서 받아들인다는 허가인 동시에, 예루살렘 교회의 형제들은 자신들이 이방인들에게 너그럽게 양보한다고 생각하였다. 사도법령의 제정은 예루살렘 교회가 이방교회에게 율법으로부터 자유함을 인정해 주고, 반면에 이방교회는 유대인들이 꺼리는 우상적 신비적 요소들을 삼가함으로써 하나의 통일된 공동체를 실현하기 위한 조치라고 보면 될 것이다. 따라서 사도법령이 의미하는 것은 "최소한의 율법"으로서 이방인을 유대인과 윤리적 동일 평면에 둘 수 있게 한 것이다.

(21절)

이 구절은 언어상으로나 본문상으로는 별 문제가 없지만 문맥상으로나 의미상으로는 신약성서에서 가장 난해한 부분에 속한다. 이 구절은 20절에서 언급한 네 가지 금령을 지켜야 하는 이유를 제시한다.[89)]

이 금령들은 유대인 가운데서 사는 이방인들에게 요구되는 금령으로써, 레 17: 8-9에서는 우상에게 제사하는 것을 금하고(올바른 제사를 말하고), 레 17: 10이하에서는 목매어 죽은 것과 피에 대해 금하며, 레 18: 6-18, 26에서는 근친상간과 같은 음행을 금하고 있다. 그리고 율법은 예로부터 모든 도시의 회당에서 읽혀져 왔기 때문에 이방인들은 그들에게도 요구된 네 가지 금령을 준수해야만 한다.

이 모두 가능성의 범주를 가리키는 것이라고 결론 짓는다. 누가에 따르면 하나의 문화적 현상으로서 나타난다고 해석한다. 강병도, 「카리스 종합 주석 제13권」 458-459.

89) E. Haenchen, 「사도행전 (Ⅱ)」 95-96.

C. 회의의 결의 내용(22-35)

22 이에 사도와 장로와 온 교회가 그 중에서 사람을 택하여 바울과 바나바와 함
께 안디옥으로 보내기를 가결하니 곧 형제 중에 인도자인 바사바라 하는 유다와 실
라더라 23 그 편에 편지를 부쳐 이르되 사도와 장로된 형제들은 안디옥과 수리아와
길리기아에 있는 이방인 형제들에게 문안하노라 24 들은즉 우리 가운데서 어떤 사
람들이 우리의 시킨 것도 없이 나가서 말로 너희를 괴롭게 하고 마음을 혹하게 한다
하기로 25-26 사람을 택하여 우리 주 예수 그리스도의 이름을 위하여 생명을 아끼
지 아니하는 자인 우리의 사랑하는 바나바와 바울과 함께 너희에게 보내기를 일치
가결하였노라 27 그리하여 유다와 실라를 보내니 저희도 이 일을 말로 전하리라 28
성령과 우리는 이 요긴한 것들 외에 아무 짐도 너희에게 지우지 아니하는 것이 가한
줄 알았노니 29 우상의 제물과 피와 목매어 죽인 것과 음행을 멀리 할지니라 이에 스
스로 삼가면 잘되리라 평안함을 원하노라 하였더라 30 그리하여 저희가 작별하고
안디옥에 내려가 무리를 모은 후에 편지를 전하니 31 읽고 그 위로한 말을 기뻐하
더라 32 유대와 실라도 선지자라 여러 말로 형제를 권면하여 굳게 하고 33 얼마 있
다가 평안히 가라는 전송을 형제들에게 받고 자기를 보내던 사람들에게로 돌아가
되 34 (없음) 35 바울과 바나바는 안디옥에서 유하여 다수한 다른 사람들과 함께 주
의 말씀을 가르치며 전파하니라

(22절)

이제 야고보의 제안이 받아들여진다. 예루살렘 공회의 결의 사항이 모든 교회의 찬성에 의해 이루졌으며, 이 결의 사항을 바울의 일행과 함께 예루살렘 지도자들과 교회의 동의를 얻은 인물을 선발해서 보내게 된다. 이는 동행하게 된 일행이 예루살렘 교회에서 권위가 있었음을 암시해 준

다.[90)]

함께 동행 하게 된 이는 바사바라고 하는 유다와 실라이다.

유다 : 바사바라고 하는 유다는 잘 알려지지 않은 인물이다. '바사바'는 '안식일에 태어나다.'라고 하는 이름의 뜻을 가지고 있으며, 이는 당시 매우 흔한 이름이었다. 그는 행 15:32에 선지자라고 하는 것과 행 1:23의 요셉 바사바의 형제일 수 도 있다는 것 외에는 이렇다 할 자료가 없다.[91)]

실라 : 그는 행 5:12에 바울과 여행의 동반자이다. 그는 살전 1:1과 살후 1:1에서 편지의 발신인으로 언급되었고, 고후 1:19에서는 바울, 디모데와 함께 고린도에서 설교했다고 언급되었다. 실라는 라틴식으로 실바누스(Silvanus) 라고 읽는다. 바울은 그를 실루아노로 언급한다(살전 1:1). 이 사건을 통해서 바울과 실라는 만남을 가졌을 것이며, 바울의 제2차 전도여행에 동행했으며(18:5), 베뢰아에 혼자 남은 적도 있고(17:14), 디모데와 함께 전도한 사실도 있다(18:5;고후 1:19). 그리고 확실하지는 않지만 베드로전서를 소아시아의 교회에 전해 준 사실이 있는 것으로 짐작되며 베드로와 친분이 있었을 것으로 보인다(벧전 5:12).[92)]

(23절)

그 편에 : δια κειρος는 '손을 통해'라는 뜻이며, 이는 70인역에도 매우 자주 나온다(2:23; 7:25; 11:30).[93)]

사도와 장로된 형제들[94)] : 사도행전 시대에 '형제'라는 의미의 'αδελφος'

90) 바울과 바나바로 하여금 이 편지를 전하게 하지 않고, 특별히 사절들로 하여금 그것을 전하게 한 것은 안디옥 공동체를 존중하면서 동시에 예루살렘 공동체의 권위를 강조하는 것이었다.

91) E. Haenchen, 「사도행전 (Ⅱ)」 96.

92) 강병도, 「카리스 종합 주석 제13권」 460.

93) E. Haenchen, 「사도행전 (Ⅱ)」 96.

라는 용어를 사용한다는 것은 예수 그리스도의 복음을 담대히 선포하며, 그 복음을 위해 자신의 모든 기득권을 포기하고, 군사와 같이 아무것도 얽매임이 없이 나그네 된 삶을 살겠다는 자를 의미한다고 할 수 있다. 그런데 이러한 용어는 기독교인들에게만 아니라 이방인들 중 예수를 믿는 이방 기독교인들에게도 동일하게 사용되었다. 이제부터는 유대인들만이 같은 하나님의 백성인 형제가 되는 것이 아니라 한 분 하나님이신 예수 그리스도를 받아들이고, 그 분을 찬송하며, 그의 말씀을 위해 수고하고자 하나의 신앙 공동체에서 유기적으로 연합되어 있는 모든 자들이 '형제'라는 의미의 'αδϵλφος'에 해당되는 것이다.[95)]

'안디옥과 시리아와 길리가아에 있는 이방 그리스도인들에게'라는 말은 매우 뜻밖이다. 왜냐하면 바울은 갈 1:21에서 그 지역에서의 선교에 대해 아무 말도 하지 않았기 때문이다. 이에 반해 행 15:41에서는 바울이 공동으로 그 지역 선교를 한 것으로 전제하고 있다. 16:4에 의하면 누가는 이 칙령이 15:23에 언급된 공동체들에만 해당된다고 보지는 않았다. 그것은 이방 그리스도인들에게도 해당된다(15:19).[96)]

---

94) '사도와 장로 된 형제들' 이 표현은 사본에 따라 차이가 있다.
1) '형제들'에 관사가 붙은 경우 이때에는 한글 개역 성경과 같이 해석되어야 한다.
2) '형제들'에 관사가 생략된 경우는 공동 번역과 같이 '형제 된 사도와 장로들'로 번역되어야 자연스럽다.
3) '형제들' 앞에 접속사 '카이'(καί)와 관사가 함께 붙는 경우는 '사도와 장로와 형제들'로 번역되어야 한다.
여기서 사본상 가장 많은 지지를 받는 것은 3)의 경유이다. 그 이유는 그와 유사한 표현이 본 장에서 사용된 적이 있기 때문이다(4:22). 그런데 문제는 3)의 것이 사본 상 많은 지지를 받으나 그 중 많은 사본들이 후대에 속하는 것으로 '카이'와 관사를 의도적으로 첨가하였을 것이라는 강한 암시를 주고 있다는데 있다. 사본 비평상 가장 간단한 구절이 원문에 가깝다는 것을 인정하게 될 경우 2)의 해석이 가장 무난하다. 이방 교회에 편지를 보내는 주체로서 예루살렘 교회의 대표자인 '사도와 장로'가 언급된 사실은 편지의 권위를 확정지어 주는 의미를 지닌다. 강병도, 「카리스 종합 주석 제13권」 460.

95) Ibid., 442-443.

96) E. Haenchen, 「사도행전 (Ⅱ)」 97.

(24절)

이 절의 내용은 안디옥 사람들이 예루살렘에 문의한 것 자체에 대해서는 언급하지 않고, 15:1-2에 묘사된 상황을 다시 반복하고 있는 것이다. 따라서 '우리 가운데 어떤 사람들'은 예루살렘 사람들(15:1)을 말한다. '우리의 시킨 것도 없이'라는 것은 사도들로부터 어떤 명령도 받지 않았다는 것이다. 예루살렘 교회에서 그런 사람을 파송한 바 없음을 재확인하며 강조하고 있다.[97)]

'말로 너희를 괴롭게 하고 마음을 혹하게 한다'는 것은 신적 권위의 내용을 담은 어떤 내용, 듣는 자들의 마음을 빼앗을 만한 내용의 메시지, 마음으로 깨달은 것을 다른 사람들을 가르치기 위해서 전하는 내용의 뜻을 내포한다(20:35; 고전 2:4; 엡 5:6). 이 부분에서 문제가 되는 것은 유대 기독교인들 중 일부가 이방 기독교인들의 마음을 혼란하게 한 내용이 교회 공동체에서는 아직 규정하거나 명확하게 밝혀지지 않은 내용들이라는 것이다. 그러한 내용들을 너무 경솔하고 독단적으로 이방 기독교인들에게 강조하는 가르쳤다는 것이다. 그 내용들이라는 것은 아마도 할례와 모세 율법 준수 문제인 것으로 보인다(1:5).[98)]

(25-26절)

이 구절은 엄숙한 회의에서 내려진 첫 번째 결정을 서술하고 있다. 그것은 선택한 몇 사람을 '우리들이 사랑하는 바울과 바나바와 함께'보내기로 한 결정이다.

이 표현은 잘못된 가르침에 대항한 바나바와 바울을 격려하고 이방 기독교인들 앞에 찬사하며 그들의 노력과 공적을 치하하고 그들의 가르

97) E. Haenchen, 「사도행전 (II)」 98.

98) 강병도, 「카리스 종합 주석 제13권」 443.

침에 대하 공적인 보증을 해 주고 있는 것이다. 따라서 이제까지의 논쟁은 바울과 바나바의 승리로 끝나고 있다. 예루살렘 교회가 보내는 이 같은 애정 어린 찬사는 이방 기독교인에게 보내는 격려이며 유대교적 기독교인들의 공격으로부터 해방을 선언하는 것이고 공격자들에 대한 예루살렘 교회의 거부를 암시한다. 또한, 이 구절에서 바울보다 바나바가 먼저 언급된 점으로 보아 예루살렘 교회 안에서는 바나바가 바울보다 더 친숙했음을 알 수 있다. 바나바는 예루살렘 교회가 처음 확장될 때 헌신했던 자였다(4:36,37). 이런 이유로 예루살렘 교회의 사도와 장로들은 바나바를 바울보다 먼저 언급했을 것이다.[99]

바울과 바나바를 지칭할 때, '우리 주 예수 그리스도의 이름을 위하여 자기 생명을 아끼지 아니하는 자인'이라는 말을 한다. '자기 생명을 아끼지 않은'보다는 '자기 생명을 내어놓은'이라고 보아야 할 것이며, 이는 아마도 관용적인 어법이었을 것이다. 이에 서방 본문에서는 사실 바울과 바나바는 아직 살아 있기 때문에 '모든 시련들에서'라는 말을 첨가했다.[100]

(28절)

이제 유다와 실라를 바울의 일행과 함께 보내기로 한다. '보내니'라는 것은 '우리가 보냈습니다'의 뜻으로 완료형의 시제이다. 이는 수신자의 시점에 입각해서 쓰여진 것이다. '이 일을'에서 볼 수 있는 것은 독자들이 사도훈령과 같은 예루살렘 회의의 내용에 대해 이미 잘 알고 있지만, 편지의 수신자인 이방인 교회는 '이 일'에 대해 아직 알지 못한다. 핸첸은 이 편지의 작문은 누가의 것이라고 한다.[101]

---

99) 강병도, 「카리스 종합 주석 제13권」 462.

100) E. Haenchen, 「사도행전 (Ⅱ)」 99.

101) E. Haenchen, 「사도행전 (Ⅱ)」 99.

'말로 전하니라'는 '어떤 사건에 대해 이미 체험을 하여 완전히 알고 있는 것을 생생하게 설명한다'는 뜻을 가진다(마 2:8; 행 14:12; 욱 13:1; 행 14:21). 이것은 예루살렘 공회의 의결 사항을 잘 알고 있는 유다와 실라가 그 내용을 자세하게 설명할 것이라는 뜻으로 볼 수 있다.

(28절)

'성령과 우리는'은 본서의 저자인 누가의 전체적인 강조점이기도 하다. 이 예루살렘 공회의 결의의 주체가 곧 성령과 자신들임을 언급함으로써 자신들의 결정이 성령의 인도에 따른 것임을 증명한다.

'우리'는 23절의 사도와 장로들이다.

'요긴한 것들'은 '반드시 필요한 것들'이라는 뜻이다. 그 의미는 '필요 불가결한 것', '하지 않으면 안 되는 것' 등으로 사용되었다. 따라서 '마땅히 해야 할 의무'로 보는 것이 적절하며 그 구체적인 예는 20절에서 야고보가 제의한 네 가지 금령으로 이해해야 한다.[102)]

'아무 짐도'는 앞에서 제안한 네 가지 금령 외에 예루살렘 교회가 이방 교회에 요구하는 것은 더 이상 없음을 천명하고 있다. 헨첸은 '누가가 예루살렘 사람들이 이제 이방 그리스도인들에게 할례같이 힘들지 않은 가벼운 짐을 지우고 있다고 말하려는 것이 아니라 그들에게 어떠한 짐도 지우지 않고 단지 필수적인 것들만을 요구하고 있다고 말하려 한다.'고 본다.[103)]

(29절)

이 구절은 순서와 표현은 다르지만 네 가지 금령을 반복하고 있다. '잘

102) 강병도, 「카리스 종합 주석 제13권」 463.
103) E. Haenchen, 「사도행전 (Ⅱ)」 99.

되리라'는 '그대들에게 좋습니다.'라는 뜻을 가지고 있다. 이는 순종에 대한 축복이 약속된 것이다.[104)]

여기에서의 사도훈령은 21장 25절과 마찬가지로 회의 중에 논의된 금령들(행 15: 20)을 이방교회에 전달하기 위해 작성된 공식문서로서의 성격을 갖는다. 이제 할례와 율법에서 자유를 인정받은 이방인 기독교인들이 지켜야할 '사도훈령'이 공문으로 전달되었다.

(30절)

'이제'(μεν ουν)라는 말로 다시 새로운 장면이 시작된다. 안디옥으로 내려간 후 무리를 모으고 그들이 그 편지를 건네주었다.

'작별하고'는 아주 엄숙한 작별이다. 저희(바울과 바나바, 유다와 실라 그리고 안디옥에서 온 대표자들)가 이제 작별하고 안디옥에 내려간다. 또한 그곳에서 무리를 모은다. 이는 아주 중대한 사안을 서로 보고하기 위해서 모이는 것이다. 그러나 누가는 어느 집단이 안디옥 공동체를 모았는지, 그 편지를 전해주었는지를 밝히고 있지 않다.

(31절)

이 편지는 대표자에 의해서 낭독되었을 것이다. 회중들은 그 내용을 다 들은 후 크게 만족하면서 편지의 내용을 받아들였을 것이다. 안디옥 공동체는 그 '위로'에 대해서 매우 기뻐한다. gig 사본은 훈계로 d 사본은 말로 서술한 이 말은 할례로부터 자유로워지면서 동시에 올바른 그리스도인으로 인정받을 수 있다는 위로를 주는 결정으로 생각되었을 것이다.[105)] 이로써 안디옥 공동체는 유대교적 기독교인들의 공격에 승리를 얻

104) Ibid., 100.

105) E. Haenchen, 「사도행전 (II)」 101.

었다고 여기고 당당한 기독교인으로 새로 태어남을 경험했을 것이다.

(32절)

유다와 실라가 안디옥 교회에서 성도들을 격려하게 된 것에 대한 권위와 정당성을 설명하기 위해 누가는 그들의 신분이 선지자임을 언급하고 있다. '권면'이라는 뜻은 '위로'와 같은 뜻이다(고전 14:3). '굳게 하고'라는 것은 '그들이 더 강하게 했다'는 의미이다. 이는 유다와 실라의 사역이 혼란과 갈등 속에 있던 안디옥 교인들에게 위로가 되고 경건한 신앙에 이르도록 공헌했음을 의미한다.

(33절)

'얼마 있다가'는 '어떠한 목표를 완성하기 위해 어느 한 장소에서 잠시 동안 머무르다'는 의미이다(18:23; 약 4:13). '잠시 동안 머무른 후에'라고 할 수도 있다.

'평안히 가라'는 '평안과 함께'라는 의미이다. 평안의 근원이신 하나님과 항상 함께할 것을 진심으로 간구하는 인사 표현이다.[106]

(34절)

서방 사본들과 그를 따른 비잔틴 사본은 "실라는 저희들과 함께 유하기로 작정하고 유다는 떠나가니라"가 첨부되었다. 이것은 40절에 실라가 왜 예루살렘으로 돌아가지 않고 안디옥에서 바울과 같이 복음을 전파하는지를 설명하려고 삽입한 것으로 보인다. 그러나 이 구절은 유다와 실라가 예루살렘으로 돌아갔음을 말하는 33절의 "자기를 보내던 사

---

106) 강병도, 「카리스 종합 주석 제13권」 447-448.

람들에게로 돌아가되"와 모순된다. 그러므로 우리말 성경에는 난외에 수록하였다. 핸첸은 누가에게 바울이 실라와 여행했다는 것이 중요한 것이 아니라 단지 바울과 실라가 아는 사이였음을 말하는 것이 중요했다고 말한다.[107)]

(35절)

바울과 바나바는 안디옥에 머물면서 전도 활동에 열심을 다 했는데, 유다와 실라가 예루살렘을 떠난 후에도 계속되는 바나바와 바울의 변함 없는 활동을 보여준다. 즉, 안디옥 교회는 모든 문제가 해결되고 1,2절에서와 같은 혼란 이전의 모습을 되찾게 되었음을 의미한다. 한편, 여기서 언급된 '다른 여러 사람들'이란 13:1에서 언급된 바처럼 안디옥 교회에 있는 여러 교사들을 가리키는 것으로 보인다. 이러한 가르침을 바울과 바나바 둘만이 한 것이 아니라 그 가르침으로 안디옥 교회는 훌륭한 교사들이 세워졌기에 바울과 바나바가 선교활동을 위해 없을 때에도 별 어려움을 겪지 않을 수 있었다.[108)]

---

107) E. Haenchen, 「사도행전 (II)」 102.

108) 강병도, 「카리스 종합 주석 제13권」 465.

Ⅳ

예루살렘 공회의 신학적 성격

예루살렘 공회의 신학적 성격

A. 예루살렘 공회의 신학적 의미와 메시지

사도행전 15장의 예루살렘 공회는 사도행전의 한복판에 위치하고 있다. 이는 중요한 의미를 지닌다고 봐야할 것이다. 누가는 사도행전 14장까지 이방인에게 믿음의 문이 열린 사실을 알린 후 , 이방인에 대한 관심의 점진적 증가와 유대인에 대한 관심의 감소를 근거로 하여 이방인 영입에 관한 공식적 논의가 예루살렘 지도자 회의를 통해 전개되도록 만들고 있다. 그렇게 해서 누가는 유대인 중심의 '회당 안' 설교로부터 이방인 중심의 '회당 밖' 설교로의 이행이 어떻게 이뤄졌는가를 보여 주려 한다. 이 이행을 사도행전 15장의 예루살렘 공회가 확증하는 구실을 하게 된다.[109)]

---

109) 〈예루살렘 공회의 의미〉

1) 예루살렘 공회의 기록은 사도행전의 한복판에 위치해 있다. 이것은 형식적, 내용적으로 이 회의가 누가 서술의 한 분수령을 이룬다는 점을 시사한다.

2) 예루살렘 공회는 이방인 입교 조건으로 율법 준수 논쟁을 통해 이방인 선교의 근본원칙이 확립된다. 즉, 이방인 수용과 입교에 따르는 조건 부과와 같은 주요 원칙을 정하는 작용을 한다. 이 과정에서 '회의'라는 합리적인 의사결정이 시행되었다.

3) 예루살렘 공회는 결과를 안디옥 회중이 "기쁘게 받아들였다."(행 15:31)는 묘사나, "예루살렘에서 정한 규칙들을 사람들에게 주어 지키게 했다."(행 16:4)는 것은 예루살렘 공회의 권위를 인정했다는 것이다. 이는 강압적이지 않은 모습을 보여준다.

4) 예루살렘 공회의 관련 내용은 선교지에서 벌어지는 실제적 문제, 이방인에게 복음을 전할 때 발생하

사도행전 15장의 중요성은 이것이 사도행전 전체의 전환점이고 분수령적인 역할을 한다는데 있다. 이는 이방인 선교를 정당화하고, 앞으로 이방인 선교가 발전할 수 있는 신학적 근거를 제시해 준다. 먼저는 베드로가 경험한 고넬료 사건(행 10:1-11)은 자유로운 이방인 선교에 대한 반대를 멈추게 하기에 충분한 것 같아 보였다. 하지만, 이 고넬료 사건을 통해서 해소된 줄로 여겼던 유대인과 이방인 간의 초기 기독교가 가지고 있었던 문제는 여전히 남아 있었으며, 이것이 다시 수면위로 부상하게 되었다. 따라서 누가는 사도행전의 중심에 예루살렘 공회의 사건을 통해서 아직 해결되지 않은 이 문제를 해결함으로 이방인 선교에 대한 합법성을 인정하려고 하였다. 그래서 행 16장부터는 합법성을 인정받은 이방인 선교가 이야기의 중심 소재로 본격적으로 서술되기 시작한다.

또 다른 하나의 중요성은 이 회의가 무대의 전환을 가져다준다는데 있다. 15장까지는 그 중심이 예루살렘이다. 그러나 예루살렘 회의 이후에는 보편 세계로의 새로운 지평으로 향한다. 이방세계가 그 중심 무대이다. 누가에게 예루살렘은 다른 복음서와는 달리 예수님의 부활 현현의 장소이다. 그리고 최초 교회의 형성지이며, 오순절 성령강림의 장소이다. 배반자 유다의 자리를 대체한 맛디아가 충원된 것이다(행 1:12 이하). 그리고 선교의 출발점이다.[110]

바울에게 있어서 유대주의자들의 요구 즉 메시아는 이스라엘만을 위해 오셨고 구원에 참여할 수 있는 조건은 할례 밖에 없다고 하는 것은 그의 선교활동에 있어서 막대한 지장을 받을 것이 분명했다. 이 문제를 해결하기 위한 협상이 사도행전 15장에 나오는 예루살렘 공회인 것이다.

는 구체적 어려움에 대한 해결을 요구하는 내용이 담겨 있다. 유상현,「바울의 제1차 선교여행」274-275.

110) 유상현, 「사도행전 연구」142-143.

이 회의는 안디옥 대표로 이방선교활동 영역을 실제적으로 대표하는 진보적 입장의 바울과 바나바, 중도적 입장의 예루살렘 지도자들(야고보, 베드로), 그리고 강경한 보수적 입장의 유대 그리스도인들 사이에서 이루어졌다. 바울은 율법의 한계성과 유대인과 이방인 사이의 장벽을 철폐하고 모든 사람을 위한 복음을 제시해야 한다고 사도들을 설득하였다. 반면 강경한 보수측 입장은 오직 할례와 유대인의 율법을 지키는 것을 통해서만 구원이 허락될 수 있다는 주장을 펼쳤다. 이 협상의 결과는 강경한 보수적 유대 그리스도인들이 패하고 나머지 두 측의 입장에 의해 합의가 이루어지게 되었다. 사도들은 이방인들을 위한 그들의 자유를 인정하였다(갈 2:6). 선교활동의 분할(할례자와 무할례자) 이 합의 되었다.

이 회의는 베드로와 바울과 그리고 야고보의 주장에 의해서 진행되어졌다. 베드로는 고넬료 사건을 통해서 유대교에서 자유롭게 이방인을 받아들이는 문제가 하나님의 결정으로 일단락 되었음을 상기시켰다. 그의 말을 듣고 많은 이들이 잠잠해지자 바울과 바나바가 이방인들 가운데서 자신들을 통해 하나님께서 이루신 놀라운 표징과 기적들을 이야기함으로써 베드로의 증언을 실례로 뒷받침 해 주고 있다. 그들의 말을 들은 예루살렘 교회의 지도자인 야고보는 성서의 말씀을 인용하면서 새로운 백성이 서로 평화롭게 조화를 이루며 살아가기 위해 필요한 실천적 지침을 마련하여 해결책으로 제시한다. 이것이 사도법령인 것이다. 야고보는 이 실천적 지침에서 우선 유대교를 거치지 않고 이방인을 기독교에 영입하는 것을 근본적으로 인정한다. 그러나 거기에는 잠정적이고 지역적인 권고사항들을 지켜야 하는 부수적인 조건을 첨부한다.

이 야고보의 해결책은 유대인들과 이방인들 양쪽의 양해를 모두 구하는 현명한 절충안이었다. 유대인들에게는 이방인들이 유대교의 굴레를 쓰지 않고 곧바로 기독교에 영입되는 것이 하나님의 구원 계획과 의지에 따른 것임을 주지시킨다. 다른 한편으로는 이방인들에게 그들이 비록 유대교의 율법을 준수해야 할 의무를 지니고 있지 않다 하더라도 율법을 철저하게 지키면서 유대교의 오랜 전통적 종교 습관에 충실한 삶을 살아온 유대인들에게 혐오감을 줄 만한 행동을 자제해 줄 것을 호소한다. 한마디로 야고보는 유대인들과 이방인들이 평화로운 기독교 공동체를 이루어 나가기 위해서 유대인들은 하나님의 뜻을 받아들이고 이방인들은 형제애를 발휘해 줄 것을 촉구하고 있다.

고넬료의 개종 사건을 통해 해소된 줄로 여겼던 초기 기독교 교회의 문제는 다시 표면에 부상하게 되었다. 이 문제는 외적인 문제와 내적인 문제로 나눌 수 있다. 외적인 문제는 고넬료 이야기에서나 예루살렘 공회의 대목에서나 다같이 이방인 영입에 관한 것이고, 내적인 문제는 행 10장에서는 음식 규정과 이방인들과의 식탁 친교였던 것에 비해 여기서는 유대인들과 이방인들 사이의 전반적인 관습에 관한 차이이다. 인종과 관습이 다른 두 집단이 어떻게 평화로운 기독교 공동체를 이루어 나갈 수 있을까? 결국 누가는 이 문제의 해결을 위해 원칙적인 본질에 있어서는 하나님의 뜻을 따르되 풍속이나 전통과 같은 부수적인 현상에 있어서는 서로 형제애를 발휘하고 양보의 미덕을 실천해 줄 것을 촉구하고 있는 것이다.

또한, 마지막으로 이방인 선교에 나서려는 바울에게 사도를 대표하는 베드로의 고넬료의 선교에서부터 이어지는 치밀한 구성과 초기 기독교 당시의 실력자였던 야고보에 의해 제시된 절충안을 통해서 이방인 선교의 정당성과 바울에 대한 변호의 토대를 마련하고 있는 것이다.[111)]

111) 서용원, "사도행전의 베드로와 바울," 231-235.

B. '사도법령'의 신학적 의도

앞에서 언급했지만, 누가가 예루살렘 공회를 통해 나타내려고 하는 또 하나의 강조점은 바로 '사도법령'이다. 예루살렘 공회의 주제는 분명히 할례에 관한 것이다. 물론 누가는 이것을 분명히 말하고 있지만 회의의 결정사항은 오히려 사도법령에 더 중요성을 두고 있다.

과연 누가는 이것을 역사적인 예루살렘 공회의 결정사항으로 소급시키려는 이유가 무엇인가? 누가는 당시 공동체적 상황에서 이방선교에 대한 문제들과 그로 인해 대두된 새로운 문제들을 해결하고자 했을 것이다. 우리는 누가가 사도행전을 저술할 때 일차적으로 자신과 기반을 함께 하는 공동체를 향한 것과 동시에 기독교 공동체를 벗어나 보다 공법위한 독자층을 염두 해 두었으리라 생각할 수 있다.[112] 이에 따른 내·외적인 요인을 생각해 볼 수 있다.

먼저 내적으로는 유대인과 이방인의 혼합 교회인 누가 공동체와 당시 교회의 문제들을 해결하고자 하는 시도라고 할 수 있다. 당시의 이방인들의 도덕적 수준이 매우 낮았기 때문에 이방인과 유대인이 공존하는 혼합교회에서 발생하는 식탁친교의 문제를 해결하기 위한 시도였을 것이다. 이방인들은 유대인들이 꺼리는 피채 먹는 음식, 우상숭배와 음행 이와 같은 것들을 함으로 유대인들과의 문제를 야기했을 것이다. 따라서 예루살렘 공회 속에서 사도법령을 통해서 이 문제를 해결하려는 시도로 보여진다.

외적으로는 기독교인에 대한 당시 로마인들의 편견에 대하여 변호의 목적이 있을 수 있다. 도미티안 황제의 통치 시기(A.D. 81-90)에 기독교인

112) 유상현, 「사도행전 연구」 176.

들은 황제숭배를 강요당했으며 이로 인해 많은 핍박을 받았다. 당시 그리스도인들은 하나님에 대한 신앙 때문에 국가의 형상 숭배와 희생제의를 거부해기 때문이다. 이런 반사회적인 태도는 무신론자나 무정부주의자로 오해받기 쉬었다. 그리고 이방인으로써 그리스도인이 된 사람들은 그들의 생활방식을 급격하게 바꾸곤 했는데 이런 태도는 전의 친구들로부터 비난받기 쉬었다. 또, 은밀히 행해지던 예배와 성만찬 등은 오해의 소지가 많았다. 2세기 동안에 변증가들은 이러한 불평에 대해 답변을 썼다. A.D. 161년 펠릭스(Minucius Felix)가 일반사회에서 그리스도인들이 어린아이들을 잡아먹는다는 비방에 대하여 동물의 피도 먹지 않는데 어떻게 자기의 아이들을 잡아먹느냐고 반박함을 볼 때, 그런 오해와 편견은 1세기말인 사도행전의 저작시기에도 있었을 수 있다. 따라서 누가는 사도법령을 통해서 이러한 것들에서 변호하려는 목적을 가지고 있을 수 있다고 본다.[113]

C. 이방인 선교의 합법적 승인

복음의 대상을 유대인으로부터 이방인에게로 돌린 '사고방식의 전환'은 사도행전에서 가장 분명하게 나타나 있다. 이는 사도행전의 저자가 살아가던 시기에는 유대인 선교가 더 이상 현안이 되지 않았기 때문이다. 누가복음이 기록되던 시대적 상황은 유대 선교와 갈릴리 선교에 대해서 기록하고 있다. 부활한 주님의 승천에 대해서 언급하면서 누가복음은 제자들이 예루살렘에 돌아갔다고 기록하고 있다. 이제 그들이 할 수 있는 일은 오직 오순절이 될 때까지 그저 기다리는 일이었다. 이러한 점에 비

---

113) Everett F. Harrison, 「사도교회의 역사와 신학」 신성수 역(서울: 기독교문서선교회, 1990), 174.

추어 볼 때, 누가복음에서 이방인 선교의 실천은 역사적 예수의 몫이 아니라 교회의 몫이었다.[114)]

누가는 예루살렘에서 시작한 복음이 예수님의 마지막 명령처럼 예루살렘과 온 유대와 사마리아와 땅 끝까지 전파되는 과정을 사도행전을 통해 기록하고 있다. 당시 유대인을 중심으로 한 복음 전도가 대부분이었던 것을 감안한다면 누가는 이방인을 향한 하나님의 뜻을 제시하면서 이방인 선교의 합법성과 정당성을 증명하려 한다. 그 중심에 사도행전 15장이 위치하고 있다.

사도행전 15장은 사도행전의 전환점이자 분수령의 역할을 한다고 볼 수 있다. 15장까지는 예루살렘이 무대의 중심지로 부각되었다면 이제 15장 이후에는 보편 세계로의 새로운 지평 즉, 이방 세계가 그 무대의 중심이 된다. 또한, 15장까지는 바울을 중심으로 한 사도들이 선교의 중심인물 이었다. 하지만 15장의 예루살렘 공회 이후로 베드로는 등장하지 않는다. 초기 기독교의 선교사역에 나타나는 여러 인물들 중 하나에 불과했던 바울이 이제 선교의 중심으로 부각되어 나타나기 시작한다.

예루살렘 공회 이전까지 바울은 단지 초기 그리스도교의 선교사역에 나타나는 여러 인물들 중 하나에 불과했던 바울이 이제 15장에서부터 그는 주도적인 인물로 나타난다. 그러나 누가는 바울이 열 두 사도와 동등한 위치에 서게 되었음을 의미하지는 않는다. 15장은 이 점을 매우 분명하게 해준다. 안디옥 공동체가 바울과 바나바를 예루살렘의 사도들과 장로들에게 보낼 정도로 중요한 위치에 있다. 이 두 사람은 결코 사도들과 동일한 위치에서 행동하지 않는다. 그들은 명령을 받는 사람들이다. 그렇다고 해서 누가가 바울을 비하시킨 것도 아니다. 누가에게 있어 바

114) 소기천, "신약성서의 교회관," 「신약논단」 10. (한국신약학회, 2003): 173.

울은 그리스도의 선택된 도구였다(9: 15). 그는 예루살렘 회의에서 극단적인 유대주의자들인 그의 대적자들에 반하여 정당성을 얻었으며, 사도훈령이 적힌 공문에서는 바나바와 함께 찬양을 받았다(행 15: 25-26). 이러한 승인은 바울이 15장에서부터 펼치게 될 유럽 이방 교회의 설립을 정당화해준다.

예루살렘 공회는 그 이전에 이루어진 이방인 선교를 정당화하고, 앞으로 이방인 선교가 발전할 수 있는 신학적 근거를 제시해 준다. 누가는 행 15장의 예루살렘 회의를 위해 백부장 고넬료 사건(10: 1-11, 18)을 준비시킨다. 이방인 고넬료의 구원은 하나님의 뜻으로 이루어진 것임으로 이 사건에 대한 회상은 율법으로부터 자유로운 이방선교에 대한 반대를 침묵시키기에 충분하다. 그리고 아직까지 무대의 중심인 예루살렘 교회의 모습 속에서 헬라파 유대 그리스도인의 이방인 선교를 간헐적으로 소개한다(행 11: 19-21). 이것 역시 하나님의 뜻이다(행 11: 21-23). 누가는 이 15장의 예루살렘 회의에 대한 생생한 묘사를 통해 할례로부터 자유로운 이방인 선교가 정당성을 얻었음을 독자들에게 시사한다. 예루살렘 공회를 통해서 드디어 이방인 선교의 합법성과 정당성이 인정되어 하나님의 구원의 계획이 새롭게 열렸으며, 예수님의 마지막 지상 대 명령이 성취될 수 있는 초석이 마련된 것이다.

V
결론

결론

A. 요약 및 전망

이제까지 본 연구를 통해서 우리는 사도행전이 가지고 있는 특징들과 그 중심에 위치한 15장의 예루살렘 공회를 통해서 저자 누가의 시대를 향한 적극적인 대처를 발견할 수 있었다. 당시 이방인과 유대인들과의 끊임없는 논쟁의 쟁점을 파악하여 그것을 해결하려고 하는 누가의 시도는 그 정점에서 예루살렘 공회라고 하는 사건을 보도함으로 이제 할례로부터 자유로운 이방인 선교를 합법화하려는 시도를 하고 있는 것이다. 이것은 당시 공동체의 상황에만 그치지 않고 오늘날의 독자들에게까지 그 의미를 부여하고 있으며 세계선교에 동참하게 한다는데에 그 의의가 있다고 할 수 있다.

초기 기독교가 가지고 있던 유대교로 부터의 한계점들을 인식하면서 그것이 과연 어떻게 분리 될 수 있으며, 어떤 차이를 나타내는지에 대한 생각을 해 보았다. 예루살렘 교회는 유대인으로서 전통을 고수하고, 유대교의 유형 안에 머무르면서 그들의 관심은 예루살렘과 성전에 집중하고 있었다는 사실을 발견하게 되었다. 따라서 이들은 유대인을 향한 전도에 치중했으며, 이방인들에 대해서 또는 예루살렘 외부지역으로의 선교에 대한 관심이 결여되어 있었다. 반면 안디옥 교회, 특히 바울과 바나바를 비롯한 헬라파 유대인들을 보면서 유대교의 전통보다는 헬라문화 속에서 보다 복음을 보편적이고 합리적으로 전해야 한다는 그들의 주장을 보게 되었다. 이들은 예수 안에서 율법의 실천 없이도 실현되는 모든 인간에게 열려진 구원을 깨달았다. 따라서 안디옥 교회는 이방인에 대하여 개방적이었고 유대인과 헬라인을 동등하게 인정하였으며, 모든 이방인들을 향한 선교의 열정으로 가득차 있었던 것이다.

또한, 역사적 상황 속에서 팽배하는 기독교 공동체 안의 유대주의는 이방인 선교에 큰 장애물로 등장하였다. 강경한 유대주의자들은 이방인 그리스도인들에게 할례와 율법을 강요했다. 결국, 이 예루살렘 공회를 통하여 할례와 율법으로부터 자유로워진 이방인 선교는 정당성을 인정받았다. 이 회의 이후 안디옥 교회의 선교사들은 이방선교의 합법성을 인정받고 활발히 이방세계를 향함으로 기독교가 세계적인 종교로 성장할 수 있는 기반을 마련하였다.

누가가 보도한 예루살렘 공회를 통해서 할례로부터 자유로운 이방선교의 합법성에 대한 강조점과 예루살렘 공동체가 참석한 가운데 결정된 이방인 선교의 정당성은 누구도 이의를 걸 수 없는 것이었다. 그리고 사건의 발단부터 결말에 이르기까지 장황한 설명을 통해서 누가는 독자들에게 잊을 수 없는 사건이 되도록 함으로써 누가 공동체 안에 이방인 선교에 대한 몰이해를 극복하고자 하였다. 이제 바울이라고 하는 사람을 이방인 선교의 선두에 세우고 그의 선교 방침을 인정함으로써 이방선교와 그에 따르는 이방 교회의 설립을 정당화 시켜주는 역할을 하고 있는 것이다. 또, 다른 것은 사도법령에 대한 강조이다. 누가는 이를 세 번(행 15:20, 29 ; 21:25)이나 반복적으로 제시함으로 독자들로 하여금 잊을 수 없는 사건이 되게 한다. 안디옥 교회에 보내는 공문의 핵심 또한 사도법령이다. 누가는 이 사도법령이 꼭 필요한 것임을 강조하기 위해 사도법령의 결정은 하나님의 뜻이라고 말한다(행 15:28). 이는 내적으로 누가 공동체 안의 이방인과 유대인 사이의 일치와 교제를 위한 것이었고, 다른 하나는 이것을 통해서 이방인을 유대인과 윤리적으로 동일 평면에 둠으로 이방인 그리스도인에게 이교사회에서 빈번하게 발생하는 우상숭배와 음행을 삼가고, 그들에게 유대인들이 꺼리는 우상적 신비적 요소들을 삼갈 것을 천명함으로써 하나의 통일된 공동체를 실현하고자 했던 것이다. 외적으로는 기독교인에 대한 로마인들의 편견을 해소시키려는 의도가 있었던 것이다. 따라서 이제 누가는 예루살렘 공회를 통해서 이방인 선교를 정당화하고 앞으로 이방인 선교가 발전할 수 있는 신학적인 근거를 제시하게 된다.

초기 기독교 발전에 있어서 오늘날 우리에게 까지 이 예루살렘 공회가 주는 신학적 의의는 무엇일까? 앞에서 살펴보았던 것처럼 첫째는 역사적으로 할례 없는 복음, 즉 율법으로부터 자유한 복음을 합법적인 복음으로 인정했다는 것이다. 이방인의 구원이 예수 그리스도의 복음 안에서 합법적으로 인정을 받았다는 것이며, 이방 교회가 하나님의 의해서 새워짐을 받았다는 것을 인정받게 된 것이다. 둘째는 누가가 보도한 예루살렘 공회는 유대인 교회와 이방인 교회 사이의 일치와 유대를 확고하게 한 회의였음을 보여준다. 이 사건 이후로부터 두 교회는 통일된 복음을 확립했으며, 예루살렘 교회는 유대교의 관행에서 이방 형제들을 자유롭게 했고, 안디옥 교회는 예루살렘 형제들을 돕기 위한 헌금을 보냈으며 유대인 형제들의 양심을 위해 사도법령을 수용했음을 보여준다. 셋째는 선교적 차원에서의 의의가 크다. 교회의 분열은 선교에 큰 지장을 초래해 왔음을 볼 때 복음의 일치로 인해서 세계 선교의 기틀을 만련했다고 볼 수 있다. 그리고 예루살렘 회의 이후 정당성을 확보한 이방인 선교는 세계선교의 초석이 되었다. 그리고 마지막으로 사도법령을 통해 유대인과 이방인이 함께 성만찬에 참여하고, 한 식탁에 참여할 수 있는 교제의 길을 열게 된 것이다.

B. 적용 및 과제

누가의 예루살렘 공회의 신학적 의미 속에서 우리는 우리 시대의 현 위치를 생각해 보게 한다. 현재 한국 교회는 구원의 문제에 있어서 확신이 없으며 방황하는 이들에게 구원의 명확성을 제시해 주지 못하고 있다. 율법의 종으로 끌려다니도록 그들을 방치하며, 온전한 구원의 길로 인도하지 못하고 있다. 바울은 지금도 율법주의자들과 싸우고 있으며, 오늘의 독자들에게 "율법 없는 구원의 복음"을 잊을 수 없는 잊어서는 안될 것을 부각하고 있다는 점에서 우리는 생각해 봐야 할 것이다. 율법으로써가 아닌 오직 예수 그리스도를 통한 믿음을 우리 시대의 그리스도인들에게 분명히 해야 할 필요가 있다.

오늘날 우리의 현실은 교파 중심적이며 개교회 중심적이다고 해도 과언이 아니다. 오히려 일치보다는 분열의 길을 걷고 있는 것이다. 따라서 우리는 누가가 제시하는 것처럼 초기 기독교가 교회의 일치를 위해 다분히 노력했음을 거울삼아 "예수 그리스도 안에 하나"라는 근본적이며 단순하기 까지 한 이 원칙을 통해 서로 포용할 수 있어야 한다고 본다.

마지막으로 누가는 이 기록을 통해서 독자들로 하여금 구원은 모든 사람에게 열려 있는 것을 강조한다. 하나님은 그 구원을 필요로 하는 모든 사람들을 위해 복음이 땅 끝까지 증거되도록 역사하고 있음을 강하게 시사한다. 누가는 현실에 만족하고 안주하려는 우리의 신앙을 각성하기 원했을 것이며, 세계를 향한 선교의 사명을 일깨워주기 위한 누가의 노력을 엿 볼 수 있다.

오늘날의 교회들에서도 외형적인 율법주의는 찾아보기 어렵지 않으며, 진실로 바울이 전하고자 자신의 생명을 바쳐 헌신했던 예수 안에서의 풍성한 생명을 누리는 날마다의 경험이 그리스도인들의 삶에 나타나고 있는가 하는 문제에 대하여 재삼 숙고해 볼 필요가 있다. 뿐만 아니라 많은 그리스도인들은 지금도 바울의 '오직 예수만이'라는 복음을 분명히 이해하지 못하고 있다. '믿음으로만'의 은혜가 값싸게 취급당한다. 자유 안에서 예수의 십자가에 동참하는 참 그리스도인들의 수가 줄어들고 있다. '빛과 소금'의 역할을 감당하지 못함으로 세상으로부터 손가락질을 받는 '하나의 종교'로 전락하는 위기를 맞고 있다. 진실로 복음의 참 진리를 기독교 안에 회복하여 세상으로 하여금 살아계신 하나님의 이름 아래 경배하도록 해야 할 것이다.

참고문헌

강병도. 「카리스 종합 주석 제13권」 서울: 기독교지혜사, 2006.

권오현. 「바울의 생애 (상)」 서울: 대한기독교서회, 1997.

김득중. 「신약성서개론」 서울: 도서출판 컨콜디아사, 1986.

박응천. 「세계를 향한 복음-설교를 위한 사도행전 연구」 서울: 도서출판 한국성서학연구소, 1997.

서용원. "사도행전의 베드로와 바울." 「신학논단」25 (1997): 213-249.

유상현. 「사도행전 연구」 서울: 대한기독교서회, 1996.

유상현. 「바울의 제1차 선교여행」 서울: 대한기독교서회, 2002.

이한수. 「바울신학연구」 서울: 총신대학출판부, 1996.

전경연. 「원시기독교와 바울」 서울: 대한기독교출판사, 1982.

정훈택. 「복음을 따라서-사도행전연구」 서울: 한국로고스연구원, 1996.

차정식. "예수에서 바울까지."「뒤집어 읽는 신양성서」 서울: 대한기독교서회, 1999.

최갑종. 「바울연구 I」 서울: 기독교문서선교회, 1995.

손봉모. "예루살렘 사도회의와 관련된 본문들의 조화문제 - 사도행전 15장과 갈라디아서 2장의 조화문제." 「신학과 철학」3 (2001): 7-21.

최동욱. "예루살렘 회의의 신학적 성격 연구." 호서대학교 대학원, 1996.

소기천, “신약성서의 교회관.”「신약논단」10 (2003): 159-196.

Calvin, John .「갈라디아서: 칼빈 성경 주석」서울: 성서교재간행사, 1979.

Gasque, W. W.「使徒行傳 批評史」권성수 · 정광욱 공역. 서울: 바실래, 1989.

Goodwin, Frank J.「바울의 생애」이남종 역. 서울: 크리스챤서적, 1989.

Haenchen, E.「사도행전 (II)」이선희 · 박경미 공역. 서울: 기독교문서선교회, 1990.

Harrison, Everett F.「사도교회의 역사와 신학」신성수 역. 서울: 기독교문서선교회, 1990.

Jervell, Jacoq.「사도행전 신학」윤철원 역. 서울: 한들출판사, 2000.

Martin, Ralph P.「신약의 초석 II」원광연 역. 경기도: 크리스챤다이제스트, 1993.

Powell, Mark A.「사도행전신학」이운연 역. 서울: 기독교문서선교회, 2000.

Wenham, David and Walton Steve.「복음서와 사도행전」박대영 역. 서울: 성서유니온, 2007.

ABSTRACT

A Study on the Jerusalem Council in the Acts Chapter 15

Kim Jung-ho
Department of Theology, The Graduate School
Hoseo University, Chuana, Korea
(Advised by professor, Suh Yong-Won, Ph.D.)

The purpose of this study is to examine how the various problems of Luke's community at the time of the Jerusalem Council in Acts Chapter 15 was overcome.

The Jerusalem Council was a major event in which gentile churches were accepted as historical and legitimate gospels free from old laws. This was also the time in which the Judaic exceptionalism, which was difficult even for the first churches to become free from, began to convert to universalism. Despite this, the Jerusalem Council declared that Paul was the apostle of the gentiles in order to provide evidence that God's gospel was universal and the same for all people.

This study verifies the writer's literary composition and historical facts, and furthermore, mainly examines the theological message to prove Luke's compilation intent and the historical facts through Paul. Ultimately, this can be said to be the first evangelistic church council held in history and through this first-ever council, it has become possible for the truth of the gospel to be conveyed to all people of all nations.

Therefore, the Jerusalem Council of Acts Chapter 15 eradicates the repression from the laws and the restrictiveness of God's gospel, making it clearly a great case in which God's gospel of truth, effective for all people regardless if they are Jew or gentile, could be proclaimed.